초등
국어 뿌리
공부법

초등
국어 뿌리
공부법

혼들리지 않는

공부 실력을 지닌

아이들의 비밀

민성원 지음

다산
에듀

뿌리가 깊으면
어김없이 꽃이 피고
열매가 열립니다.

"모든 배움의 기초는 국어"

국어라는 과목을 대하는 인식을
바꾸어야 합니다

"초등 시기 국어 공부는 책 읽기로 충분하지 않나요?"
"국어는 기본 실력으로 시험 보는 과목 아닌가요?"

저희 민성원 연구소를 찾으시는 부모님들께 자주 듣는 이야기입니다. 제가 많은 부모님과 학생을 만나며 가장 안타까운 순간이 아직도 국어 실력이 아이의 공부, 나아가 인생에 미치는 영향을 모르고 계시는 분이 많다는 겁니다. 저는 그럴 때마다 '초등 공부의 중심에 국어가 반드시 있어야 하는 이유'를 몇 가지 설명해드립니다.

먼저, 초등 시기의 국어 공부는 아이의 평생 언어능력과 사고 인지능력을 결정합니다. 두 인지능력을 담당하는 두뇌의 부위가 초등학교 때까지 활발하게 발달하기에 이 시기에 얼마나 풍부한 국어 활동을 했는지가 아이의 평생 언어능력에 큰 영향을 미칩니다. 예전과 달리 국어 지문의 수준이 높아지고 교과서 외 내용이 출제되며 새로운 문제 유형도 나오면서 요즘 국어는 기존의 교과서 중심의 공부만으로는 한계가 있습니다. 또 영어나 수학의 경우 문제나 어휘 자체가 어려워지면서 문제의 의미를 제대로 파악하는 것부터 힘들어하는 학생이 많습니다. 엄밀히 말해 영어와 수학을 잘하려면 국어를 잘해야 하는 시대가 된 것이지요.

하지만 실상은 아이가 어릴 때부터 영어와 수학은 열심히 지도하시는 반면, 국어도 함께 체계적인 공부를 해야 한다고는 미처 생각하지 못합니다. 국어는 모국어고 어차피 나중에 다 알게 된다며 가벼이 여기시지요.

국어는 모든 과목의 열쇠

이제 국어의 위상이 부모님 세대 때와는 크게 달라졌습니다. 모국어라 쉽게 이해하고 풀 수 있었던 국어 문제는 어려워졌습니다. 쉽사리 실력이 쌓이지 않는 만큼 기초 체력을 길러두지 않으면 수학과 영어에 집중해야 할 때 발목을 잡는 과목이 되었습니다. 영어는 절대평가로 바뀌면서 일정 점수만 넘기면 되지만, 국어는 한 문제만 틀려도 지원할 수 있는 대학이 달라집니다. 심지어는 국어가 모든 과목을 무너뜨리고 국어가 입시의 성패를 좌우하기도 합니다. 그래서 저뿐만 아니라 많은 교육 전문가가 입시에서 국어의 중요성을 강조하고 있습니다.

'이 세상에 확실한 것은 죽음과 세금뿐이다.'라는 벤저민 프랭클린의 유명한 명언은 모든 사람이 죽음과 세금은 피할 수 없다는 뜻입니다. 저는 여기에 한 가지를 더하고 싶습니다. 입시에서는 전국의 단 4% 학생만이 1등급에 든다는 것도 분명한 사실이지요. 다시 말하면 96%의 학생들, 즉 대부분의 학생이 국어, 수학, 탐구 과목 등 상대평가 과목에서 1등급을 받지 못하는 것은 바뀔 수 없는 현실입니다.

초등학생 때까지는 모두가 학교에서 '아주 잘함'이라는 성취도를 받지만, 수능에서는 대부분 나머지 96%에서 서로 경쟁하지요. 그리고 그 중심에는 '국어 뿌리'가 있습니다.

초등 시기부터 차근차근 쌓아온 국어 실력이 아이의 평생 언어습관과 사고력, 대학에까지 영향을 미치는 현실입니다. 그래서 저는 초등 시기부터 영어와 수학 못지않게 국어도 매우 중요한 과목이라고 생각하셔야 한다고 조언드리고 싶습니다.

국어로 공부 체력을 길러라

"그럼 어릴 때부터 아이에게 수능 문제집을 풀게 해야 하나요?"

혹시 제 말을 이렇게 이해하신 부모님은 없으시겠죠? 제 말은 무조건 일찍 시작하면 된다는 게 아닙니다. 국어 실력은 단기간에 오르는 것이 아니기에 서두르기보다는 아이의 수준에 맞춰 단계별로 꾸준히 공부하는 자세가 필요합니다.

제가 주창하는 공부의 기본 원리는 '지금 할 것은 지금 하고, 나중에 할 것은 나중에 하며 많이 할 것은 많이 하고, 적게 할 것은 적게 한다'입니다. 어떻게 생각하면 당연한 말이지만 많은 부모님께서 놓치는 부분입니다. 이 원리야말로 국어 학습법의 핵심과 통합니다.

이 책에 국어란 무엇이고 왜 중요한지에 대한 이해부터 어떻게 실력을 키워야 하는지에 대한 구체적인 방법을 총정리해 담았습니다. 이 방법들은 모두 민성원 연구소에서 직접 경험해 그 성과를 실제로 증명한 것들입니다.

교과서 읽기조차 힘들어했는데 국어를 좋아하게 되면서 전 과목 성적이 향상한 초등학생 아이, 국어 4등급에서 6개월 만에 1등급으로 상승하며 공부 자신감을 찾은 중학생 아이, 수학에만 치중한 잘못된 학습 계획으로 공부 동기를 잃었다가 의대에 합격한 아이 등등 체계적인 학습 계획으로 놀랍게 변화하는 아이들의 모습을 보면서 초등 시기부터 쌓아온 국어 실력의 힘을 확신하게 되었습니다.

그렇다고 어려워진 국어를 어떻게 지도해야 할지 몰라 초조해하실 필요는 없습니다. 이 책의 1부를 통해 국어 공부의 중요성을 인식하시고 2부 국어 실력을 키우는 8가지 습관과 3부 5단계 공부법을 차근차근 따라 해보세요. 아무리 어려운 국어 지문도 막힘없이 읽을 수 있을 뿐 아니라, 전 과목 공부를 자신의 것으로 만드는 힘을 기를 수 있습니다. 특히 초등 시기 국어 공부는 학교에서 배우는 교과서 내용만 충실히 따라가도 충분합니다. 여기에 이 책에서 소개한 방법을 참고해 생활 속에서 부모님께서 조금만 지도해주시면 되지요.

똑같은 공부를 하더라도 무엇을 언제 어떻게 하느냐에 따라 결과는 하늘과 땅 차이입니다. 국어 뿌리를 깊이 단단하게 내리면 어김없이 꽃이 피고 공부의 열매가 열립니다. 지금부터 시작한다면 여러분의 자녀는 충분히 튼튼한 국어 뿌리를 지닌 아이로 자랄 겁니다.

이 책이 나오는 데 현장에서 도움을 주신 이지수, 구다은, 유소영, 서민아, 지유경 선생님께 감사를 드립니다. 학생들의 사례를 정리해주신 이지수 선생님과 많은 자료를 정리해주신 구다은 선생님께 특별한 감사를 드립니다.

민성원

평범한 아이를
서울대로 보낸 것은
무엇이었나

어린 시절 저는 너무나 평범한 아이였습니다. 자라온 환경에서 특별한 어려움이 있던 것도, 남다른 능력을 지닌 개성 있는 아이도 아니었습니다. 대학 입시라는 거대한 관문을 뚫고 자신의 삶을 살아가야 하는 대한민국의 흔하디흔한 보통 학생이었습니다. 사실 제 성장 과정을 이야기할까 말까 여러 번 고민했습니다. 이 장은 과감히 건너뛰어도 전혀 문제없는, 사족 같은 부분입니다. 사람마다 처한 상황과 환경이 다르기 때문에 누군가의 경험이 그렇게 큰 도움이 되지 못할 수도 있습니다. 그런데도 부끄러움을 무릅쓰고 제 이야기를 먼저 하는 것은 혹시라도 제 경험이 다른 누군가에게 조금이라도 도움이 되었으면 좋겠다는 실낱같은 바람 때문입니다.

아이들은 무엇이 옳고 그른지
판단할 능력이 부족하다

저는 회사원인 아버지와 간호사인 어머니 밑에서 자랐습니다. 전형적인 맞벌이 부모를 둔 터라 거의 할머니 손에서 컸습니다. 하지만 어머니는 퇴근 후에는 무조건 저와 시간을 함께 보내려고 노력하셨습니다. 아버지 역시 지극히 가정적인 분이라 특별한 일이 없는 한 곧바로 귀가해 저와 놀아주셨지요.

그 시절 저는 천둥벌거숭이처럼 들로 산으로 온 동네를 돌아다니며 신나게 놀았습니다. 산에 가서 아카시아 꽃도 따먹고, 여름이면 발가벗고 개울에서 멱을 감으며 가재를 잡고 놀았지요. 밤늦게까지 친구들과 몰려다니며 놀아서 저녁 무렵이면 할머니가 저를 잡으러 다닐 정도였습니다. 물론 한글을 배운다거나 덧셈, 뺄셈을 배운다거나 하는 일은 없었습니다. 그때가 70년대 초반이었으니 아마도 그게 일반적인 모습이었을 겁니다. 그냥 자연 속에서 뒹굴며 신나게 놀았습니다. 너무나 즐거운 시간이었지요.

그러던 어느 날, 어머니의 벼락같은 결정이 떨어졌습니다. 이제부터 유치원에 다녀야 한다는 것이었죠. 당시에는 유치원에 다니는 아이가 별로 없을 때였습니다. 저와 함께 놀던 아이들도 유치원에 다니지 않았지요. 저는 친구들이 동네에 남아 있는데 저만 유치원에 가는 게 너무 싫었습니다. 툭하면 유치원에 안 간다고 고집을 부렸고, 울기도 많이 울었지요. 하지만 어머니는 자신이 옳다고 생각하는 일만큼은 제게 조금도 양보하지 않으셨습니다.

"성원아, 네가 몰라서 그래. 다녀보면 정말 재미있고 좋을 거야."

이런 식으로 끝까지 저를 설득하셨습니다. 물론 가끔은 설득에 협박(?) 같은 게 끼어들기도 했습니다. 어머니의 결심이 워낙 단호했기에, 결국 저는 그 결정에 따를 수밖에 없었지요.

처음에는 너무 다니기 싫던 유치원이었는데 며칠 다니다 보니 '다른' 재미가 있었습니다. 유치원복을 입고 운동화를 신고 다니는 저를 보고 동네 친구들이 모두 부러워하는 것 같았습니다. 유치원에서 했던 놀이는 동네 친구들과의 놀이와 사뭇 달랐지요. 선생님들하고 놀면서 무언가를 조금씩 배워가는 게 참 재미있었습니다.

지금 생각해보면 유치원 친구들과 동네 친구들의 차이점은 자식에 대한 부모의 교육열이었던 것 같습니다. 유치원에 다니는 아이들의 부모님은 상대적으로 교육 문제에 관심이 많았고, 어린 나이였지만 유치원 친구들과 지내는 것은 동네 아이들과 놀 때와는 전혀 다른 느낌이었습니다. 그렇다고 해서 유치원을 다니면서 아주 특별한

초등 국어 뿌리 공부법

것을 배운 것은 아닙니다. 어떻게 보면 이전보다 노는 친구들 수만 많아졌을 뿐이지요. 유치원에서는 유치원 친구들과 신나게 놀았고, 집에 와서는 동네 친구들과 신나게 놀았기 때문입니다. 유치원을 졸업할 즈음 겨우겨우 이름 석 자를 한글로 그릴 수준 정도였습니다. 하지만 이상하게도 그때 함께 유치원에 다녔던 친구들과는 아직까지도 연락을 하며 지냅니다. 그리고 그 친구들 중에서 꽤 많은 친구가 소위 일류 대학에 진학했지요.

결과적으로 보면 어머니의 판단이 옳았습니다. 유치원은 제게 다른 교육의 기회를 주었던 것입니다. 아이들은 아직 미약한 존재입니다. 그러므로 부모가 아이의 뜻을 세심히 살펴보고 함께 판단하는 것은 중요한 일입니다. 물론 아이들이 원한다고 무조건 받아주는 것은 옳지 않습니다. 아이들은 무엇이 옳은지 그른지 판단할 능력이 아직 부족하기 때문에 결국 조력자인 부모의 현명한 선택이 중요한 역할을 하지요. 아이가 판단 능력이 없을 때 부모는 아이를 대신해서 올바른 판단을 해야 할 의무가 있습니다.

우연한 계기에 시작된
우등생의 꿈

　세월이 흘러 초등학교 6학년 때 일입니다. 그해 봄, 제 인생의 일대 전환점이 될 만한 사건이 벌어졌습니다.

　"성원아, 상준이 형이 졸업하면서 우등상을 받았단다."

　어느 날 저녁식사 후에 들려온 어머니의 목소리에는 부러움이 잔뜩 배어 있었습니다.

　김상준은 바로 저희 옆집에 사는, 저보다 한 살이 많은 선배였습니다. 다음 날, 저는 상준이 형을 찾아갔습니다. 상준이 형의 방에는 번쩍거리는 금메달이 걸려 있었습니다. 금메달에는 '우등상'이라는 글자가 선명하게 새겨져 있었지요. 그것은 몹시 충격이었습니다. 번쩍거리는 금메달은 어린 제게 큰 소망을 품게 했습니다. 왜 그랬는지 모르지만 그 금메달을 손에 넣고 싶다는 강렬한 충동이 가슴속을 파고들었습니다. 공부에 대한 제 꿈은 이렇게 시작되었습니다. 다음 날 저는 담임선생님을 찾아갔습니다.

　"선생님, 우등상이 뭐예요?"

　"음, 그건 졸업할 때 공부를 잘한 학생들에게 주는 상이야. 반에서 5명씩."

　저는 또 물었습니다.

"선생님, 저도 그 상 받을 수 있어요?"

그러자 선생님께서 빙그레 웃으며 이렇게 대답하셨습니다.

"지금 성적으로는 조금 모자라지만 네가 조금만 노력하면 충분히 받을 수 있지."

그때 선생님이 이렇게 대답해주신 게 얼마나 다행인지 모릅니다. 만일 '너는 성적이 모자라니 꿈도 꾸지 마라'라고 했다면 저는 평생 공부와는 담을 쌓고 지냈을지도 모릅니다. 실제로 미국의 교육학자 로젠탈과 제이콥슨은 1968년 한 초등학교에서 지능검사를 실시했습니다. 그런 다음 무작위로 학생을 뽑아 '지적 능력이나 학업성취 가능성이 높은 학생들'이라고 거짓 정보를 주었습니다. 그랬더니 몇 달 뒤 실제 학업성적에서 이 학생들의 점수가 다른 학생들의 평균보다 높았고, 예전에 비해 크게 향상되었다고 합니다. 이처럼 어린 시절에는 선생님이나 부모, 형제들의 말 한마디가 그들의 인생에 중요한 역할을 합니다. 감수성이 예민한 어린아이들은 권위 있는 사람의 말을 그대로 믿는 경향이 있기 때문이지요.

저는 선생님 말씀을 그대로 믿었고 무슨 생각인지 몰라도 집으로 돌아오자마자 책상에 제 목표를 큼지막하게 적어서 붙여 놓았습니다.

'나의 목표는 우등상이다. 천재는 99%의 땀과 1%의 영감으로 이루어진다.'

이런 표어를 붙여 놓는 일이 처음이었는데 붙여 놓고 보니 왠지 흐뭇한 생각이 들었습니다. 이 표어를 보고 아버지 친구분들께서는 저를 '민디슨'이라고 불렀지요. 이렇게 불리는 게 별로 기분 나쁘지 않았습니다. 저도 에디슨처럼 큰 사람이 될 수도 있다는 생각에 뿌 듯하기까지 했습니다. 처음으로 공부한다고 달려드니 좀 어색하기도 했습니다. 다행히 워낙 책을 좋아하는 탓에 금세 교과서에 익숙해졌습니다. 초등학교 과정이라 생각보다 쉽게 따라잡을 수 있었고, 그렇게 하나씩 하나씩 배워가며 서서히 공부하는 재미에 빠졌습니다. 마침내 졸업식 날, 제 목에도 금메달이 걸렸습니다. 그때 저는 1 등을 한 아이와 제가 별로 크게 다르지 않다는 사실을 비로소 깨달았습니다. 이제 와서 생각해보니 그 깨달음은 우등상 금메달보다도 값진 것이었습니다.

나를 바꾼 희망의 한마디,
"넌 할 수 있어."

저는 집 근처 중학교에 입학했습니다. 영어 수업 첫 시간, 얼마나 당황했는지 지금도 절대 잊히지 않지요. 알파벳을 모르는 사람은 저밖에 없었습니다. 남들은 더듬거리며 영어로 말하는데 저는 난생 처음 알파벳을 접한 것입니다. 처음에는 당황했지만 알파벳을 하나하나 배우는 게 정말 재미있었습니다. 한편으로는 까짓것 공부하면 금방 따라잡을 수 있다는 자신도 있었지요.

중학교 첫 시험 결과가 발표되던 날, 집안에 경사가 났습니다. 제가 반에서 4등을 한 것이지요. 부모님은 정말 기뻐하셨습니다. 어머니와 저는 과일바구니를 사 들고 초등학교 때 담임선생님을 찾아갔습니다. 감사의 인사를 드리기 위해서였지요. 그런데 칭찬하실 줄 알았던 담임선생님이 어떤 영문인지 실로폰 채로 제 머리를 딱 하고 때리시더군요.

"우등상을 받은 놈이 1등을 해야지. 4등이 뭐야!"

저는 어리둥절했습니다.

'한 반에 70명인데 그중에서 4등이면 나보다 잘하는 애는 3명뿐이고 나머지 66명은 못하는 애들인데…. 왜 선생님은 내 머리를 때린 걸까?'

그런데 곰곰이 생각해보니 선생님 말씀이 맞는 것 같았습니다. 우등상도 받았으니 어쩌면 제가 1등을 할 수 있을지도 모른다는 희망이 생기기 시작했습니다. 선생님께서는 어떤 의도에서든 제게 '할 수 있다'라는 의식을 심어주시려 했던 것 같았고, 다행히 저는 그런 선생님의 말씀이 자극이 되어 더욱 열심히 공부했습니다. 그때부터 저는 정말 1등을 하기로 마음먹고 공부했습니다. 선생님의 말 한마디로 인해 제게 1등이라는 구체적인 목표가 생긴 것이죠. 물론 공부를 하는 동안 이렇게 해봤자 안 될지도 모른다는 생각을 한 적이 많았습니다. 하지만 그런 생각을 지우고 열심히 공부했고, 열심히 하다 보니 다른 선물이 기다리고 있었습니다. 공부가 재미있다는 사실을 깨닫게 된 것입니다.

아는 게 많아지면서 점차 자신감도 붙었고 선생님들의 질문에 가장 빨리 정확한 답을 말하는 아이가 되었습니다. 비록 아직 어린 나이였지만 저는 제가 발전하고 있다는 사실을 깨달았습니다. 그렇게 시간이 흘러 다시 시험을 치렀고 시험 결과가 발표되었습니다.

'전교 1등!'

어머니께서는 충격을 받으신 듯했습니다. 저 역시 그 사실을 믿기 어려웠습니다. 열심히 목표를 향해 내달리다 어느 순간 골인 지점에 와버린 것이죠. 전교 1등을 하고 나니, 저를 대하는 주변 사람들의 태도에 커다란 변화가 생겼습니다. 가장 먼저 어머니의 태도가 확연히 달라졌습니다. 어머니뿐이 아니었습니다. 학교 선생님들과 친구들도 저를 공부 잘하는 아이로 인정해주었습니다. 다음 학기에 저는 반장이 되었고 졸업할 때까지 그 자리는 변함없는 제 자리였습니다. 모두가 저를 1등으로 대해주었습니다. 그 기분을 느껴보지 못한 사람은 아마 모르겠지요. 오로지 제 땀과 노력으로 얻은 결실이었기에 더 뜻깊었습니다.

어머니의 자녀교육 원칙

저희 어머니께서는 조금 지나치다 싶을 만큼 교육 문제에 극성스러웠지만, 어떻든 합리적인 교육관을 갖고 계셨습니다.

첫째, 용돈을 풍족하게 주지 않으셨습니다. 물론 용돈에 대해서는 긍정적 요소와 부정적 요소가 존재하지만 그래도 그건 올바른 판단이었다고 생각합니다. 사실 지금 생각해보면 아이들에게 용돈을 주는 것은 돈을 쓸 시간을 주는 것과 다름없지요.

둘째, 누구를 만나도 저를 칭찬하고 자랑하셨습니다. 항상 겉으로는 창피해서 얼굴을 붉혔지만 마음속으로는 우쭐하는 느낌이 들었습니다. 심지어 택시를 타고 가다가도 기사분께 우리 아들이 1등이라고 자랑을 하시곤 했지요. 어떤 사람은 부모의 지나친 기대가 자식을 망친다고 합니다. 하지만 저는 그렇게 생각하지 않습니다. 부모의 올바른 기대는 자식을 더욱 발전하게 하는 원동력이며, 무관심이 자녀를 망치는 치명적인 원인입니다. 기대하지 않으면 발전도 없기 때문이지요.

셋째, 항상 공부 잘하는 아이들의 모임에 저를 넣어주려고 노력하셨습니다. 그러한 부모님의 노력이 제가 공부하는 데 적절한 자극이 되었고, 결과적으로 정말 많은 도움이 되었습니다. 즉, 부모님께서 제게 공부할 수 있는 환경을 만들어주기 위해 열성을 보여 주셨기에 지금의 제가 있다고 생각합니다. 그래서 지금도 변함없이 저는 아이들이 공부를 잘하는 데는 부모님의 역할이 무척 중요하다고 생각합니다.

대개 아이들은 겉으로 내색하진 않지만 부모님의 기대에 부응하려는 마음을 가지고 있습니다. 사실 저도 부모님의 기대를 저버리지 않기 위해 더 열심히 공부한 적도 많았습니다. 좋은 성적표를 들고 집에 왔을 때 부모님의 얼굴에 피어나는 환한 웃음을 보면 '내가 참 좋은 일을 했구나' 싶어 스스로 만족했던 적도 많았습니다.

다시 강조하지만 부모의 지나친 기대가 자식을 망치는 경우도 물론 있습니다. 하지만 부모의 기대가 없다면 자식을 완전히 망친다는 사실을 명심하기 바랍니다.

공부에서 중요한 것 중
하나는 잘하려는 '마음가짐'

성적이라는 놈은 참으로 묘한 구석이 있습니다. 못할 때는 못하는 것이 당연하게 여겨지는데 한번 잘하고 난 다음에는 계속 잘하는 것에 익숙해집니다. 마치 철새가 제 고향을 찾아가듯 저는 조금이라도 성적이 떨어지면 그곳이 제자리가 아니라는 생각이 들었습니다. 그래서 공부를 잘하는 저로 돌아가려는 귀소본능 같은 게 작용했습니다. 이처럼 성취 경험은 참 중요합니다. 공부를 잘했던 경험이 있는 아이는 조금만 정신을 차리면 언제든 제자리로 갈 수 있습니다.

제가 다녔던 대일 고등학교의 공부 방식은 스파르타식이었습니다. 그런데 한편에서는 제가 강조하는 동기 부여식 학습법을 채택하고 있는 측면도 있지요. 제가 졸업할 당시에 매년 약 60명 정도가 서울대에 합격했고, 우리 윗대 선배들은 70명 또는 80명씩 서울대에 입학했습니다. 특목고가 아닌 일반 배정으로 강북에서 그런 성적을 낸 것은 일간지 사회면을 장식하고도 남을 일이지요. 그럼 대일 고등학교의 동기 부여식 학습법에 대해 간단히 살펴보겠습니다.

첫째, 선생님들은 늘 훌륭한 선배들의 이야기를 들려주며 우리에게 그 전통을 이어나갈 사명이 있음을 강조하셨습니다. 또 선배들의 성적표를 복도에 붙여 놓고 그 옆에 우리의 성적표를 붙여 놓았습니다. 그래서 전교에서 약 100등까지는 누구나 서울대를 목표로 공부하는 분위기를 만들어주었지요. 선배들이 70명 정도 서울대에 입학했으니 현재 100등을 하는 학생들도 서울대에 들어갈 수 있다는 자신감을 지니고 공부할 수 있게 해준 것입니다.

둘째, 학교 안에 '대일학사'라는 자습실이 있는데, 그곳에서 공부할 수 있는 자격을 제한했습니다. 그 이유는 대일학사를 이용하는 학생은 마치 예비 서울대 입학생이 된 느낌이 들 정도로 자신감을 심어주려는 것이었습니다. 즉 대일학사에 들어가서 공부할 정도 실력이라면 서울대에 진학하는 것은 당연하다는 생각이 들도록 했습니다.

셋째, 스파르타식 학습법을 쓰면서도 자발성을 강조했습니다. 아침부터 밤까지 원하는 학생들만 남아서 공부하도록 했고, 그것을 학생들의 권리로 느끼게 했습니다. 이와 같이 자율성을 살린 학습법이 가정환경이 어려운 학생들도 명문대에 진학할 수 있게 한 원동력이 되었던 것 같습니다. 공부에서 가장 중요한 것은 공부를 잘하려는 마음가짐이며, 다른 모든 것은 그다음입니다.

놀면서 서울대에 들어간 사람은
단 한 명도 없다

고3 때는 누구나 지독한 통과의례를 치릅니다. 입시를 코앞에 둔 이때가 정말 힘든 시기라는 점은 알고 계실 겁니다. 하지만 그럼에도 내 아이는 이 시기를 반드시 이겨낼 거라는 믿음을 갖는 것이 더더욱 중요합니다.

저는 고3이 되자 노력하는 것에 비해 능률이 별로 오르지 않는다는 생각이 들었습니다. 그래도 참고 열심히 공부했습니다. 시간이

지날수록 공부하는 시간과 양은 더 늘어나는 반면 성적은 자꾸 정체되어 있는 느낌이 들고 점점 힘들어졌습니다. 나중에는 집중도 잘되지 않았습니다. '도대체 왜 이렇게 공부를 해야 하는 거지? 꼭 서울대에 들어가야 할 이유가 있을까?'

문득 이런 회의감마저 들기 시작했지요. 일생일대의 위기를 맞은 것입니다. 슬럼프가 찾아왔습니다. 당시에는 아무에게도 내색하지 않았지만 신경성 소화 장애에 시달렸고, 의욕마저 상실한 상태였습니다. 아침부터 밤까지 책상에 앉아서 집중하려고 노력하는데도 아무 이유 없이 공부하기가 싫었습니다. 이러면 안 된다고 아무리 스스로 타일러도 어쩔 도리가 없었습니다. 그러자 불안이 저를 덮쳤습니다. 그렇습니다. 저도 '고3병'에 걸린 것이죠.

그러던 어느 토요일 하굣길. 짙은 안개 속을 헤매던 중에 저를 밝은 빛으로 인도해줄 한 등대를 발견했습니다. 제 마음의 병을 치료한 계기는 너무나 단순했습니다.

'꼭 서울대를 가야 할 이유는 없잖아.'

이렇게 저를 합리화하고 있던 바로 그때, 버스정류장에서 난생처음 서울대생을 보았습니다. 저는 눈이 번쩍 뜨였지요. 그 청년은 교련복 차림이었는데 명찰에 선명하게 '서울대학교'라는 글자가 박혀 있었습니다. 그동안 저는 진짜 서울대생을 본 적이 없었습니다. 직접 보니 순간 아득하게 현기증이 일면서, 저도 꼭 서울대에 가고 싶다는 강렬한 꿈이 다시 생기더군요. 그리고 어디서 힘이 났는지 다시 공부에 집중할 수 있었고, 결국 서울대 교련복을 입고야 말았습니다. 대학에 들어가서 처음 몇 달 동안은 일부러 교련복을 입고 다니기까지 했습니다.

저는 몸이 그렇게 튼튼한 편이 아니었습니다. 특히 소화 장애가 심했습니다. 체질상 매일 밤 12시면 잠자리에 들어야 했고, 대신 새벽 6시에 일어나 규칙적인 생활을 했습니다. 소화가 잘 되는 음식을 주로 먹되, 채소와 과일을 충분히 섭취해 부족한 비타민을 보충했습니다. 시험 볼 때까지 모든 과목을 공책 한 권으로 정리했고, 시험장에는 그 공책 한 권만 가져갔습니다. 지금 생각해도 참 성실하게 일 년을 보냈습니다. 무리하지도 않았지만 결코 게으름을 피우거나 중단하지도 않았습니다. 하루하루 목표를 세우고 완벽하게 실천한 일 년이었습니다. 그 보상은 참으로 달콤했지요.

합격자 발표 날, 부모님께서 행복해하시는 모습을 보니 그렇게 뿌듯할 수가 없었습니다. 누가 뭐라고 하든 놀면서 서울대에 들어온 사람은 단 한 명도 없습니다. 이런저런 무용담을 늘어놓으며 놀면서도 충분히 서울대에 갈 수 있다는 식으로 말하는 사람들에게 절대 현혹되어서는 안 되지요. 세상은 불공평한 것 같지만 결국 노력한 만큼 거두게 되어 있습니다.

세상의 진리 중 진리가 바로 '공짜는 없다는 것'입니다. 저는 꿈을 가졌고, 꿈을 가졌기 때문에 슬럼프를 이기고 꿈을 이뤘습니다. 꿈은 결실의 첫 단추입니다. 이 사실을 이 땅의 모든 부모와 아이가 결코 잊지 않았으면 좋겠습니다.

차례

1부

초등 공부의 중심에 국어가 있어야 하는 이유

국어 뿌리를 내리는 5단계 공부법

4부

학부모와 학생들이 가장 궁금해하는
국어 공부법 9문 9답

흔들리지 않는
공부 실력을 지닌
아이들의 비밀

초등 공부의 중심에 국어가 있어야 하는 이유

1장

국어가 부족하면
모든 과목이 무너진다

국어에 발목 잡히는 아이들

❋

아이가 중학생이 되면 학부모님에게 충격의 순간이 찾아옵니다. '참 잘했어요' 도장만 받아 오던 우리 아이가 반에서 중간도 못 가는 성적임을 눈으로 확인하는 순간, 순탄하게 가리라 믿어 왔던 입시 성공의 꿈이 산산조각 납니다.

"국어 시험을 쳤는데 무슨 말인지 하나도 모르겠어요."

중학교 3학년 여름방학 무렵, 시윤이가 우리 연구소를 찾았습니다. 연습 삼아 6개월 뒤에 치르게 될 고등학교 1학년 3월 모의고사를 봤는데 다른 과목과 달리 국어 성적은 4등급이 나왔다는 것이지요. 시윤이 어머니도 이대로라면 국어가 수능에서 발목을 잡을 것 같다며 하소연했습니다. 초등학생 시절부터 회장을 도맡았고 글짓기 상도 턱턱 타오며 학교 선생님이 입에 침이 마르도록 칭찬했던 우등생 시윤이가 왜 국어 성적만 안 나오는지 도무지 이해되지 않는다고 했습니다.

저는 일단 지금이라도 저를 찾아온 것이 다행이라며 어머니와 시윤이를 안심시켰습니다. 그리고 시윤이와 깊은 대화를 나누었습니다.

"시윤아, 왜 국어 성적만 잘 안 나오는 것 같니?"

"처음 보는 모의고사 지문이 평소 학교에서 배우던 것과는 딴판이었어요. 내용도 생소하고 어려워서 읽기도 전에 이걸 제한 시간 안에 다 읽을 수 있을지 걱정부터 앞서고 실제로도 이해를 잘 못하겠어요."

"그랬구나."

이 같은 현상은 실제로 많은 학생이 겪는 문제입니다. 국어 공부를 통해 독해력을 키우지 못한 결과입니다.

저는 이번엔 시윤이 어머니께 물었습니다.

"시윤이는 국어 공부를 따로 한 적이 없나요?"

"아뇨. 초등학교 4학년부터 6학년 때까지 논술학원에 다녔는걸요. 제가 그림책도 많이 읽어줬고요."

"다른 과목, 그러니까 수학이나 영어랑 비교해서 국어 공부의 양은 얼마나 되었는데요?"

"음… 저는 사교육을 엄청 시키는 편은 아니었어요. 수학은 중요하니까 전문학원을 다녔고, 영어는 회화랑 파닉스 위주로 그룹 과외를 했죠. 국어는 말씀드린 논술학원이랑 제가 개인적으로 독서를 지도했고요. 물론 중학교에 가서는 논술을 끊었지만, 중학생 내내 학원에서 국어를 배웠어요."

시윤이 어머니는 본인이 국어 공부를 시키지 않은 건 아니라고 굳게 믿고 있었습니다. 저는 그 믿음부터 깨주었습니다.

"국어 공부는 나이마다 적기가 있어요. 특히 문학과 화법, 작문 영역은 초등학생 때 여러 책을 읽고 시를 외우거나 주변 사람들과 직접 대화를 하면서 기초 실력을 쌓아야 하죠. 시윤이는 그런 경험이 부족해요. 어머니께서 말씀하신 논술학원에서는 논리적 글쓰기 기술을 배우긴 해도 글을 읽고 내용을 파악하여 핵심을 정리하는 법은 배우지 못한 것 같습니다. 학원에서야 체계적인 독해력 수업보다는 학교 시험 대비를 위한 문제 풀이 위주로 진행됐을 거고요."

"하지만 선생님, 주변을 보면 다들 국어 공부는 따로 안 해요. 어차피 우리말인데 따로 공부한다는 게 시간이 아깝기도 하잖아요."

"그게 오해입니다. 우리가 평소에 쓰는 일상 언어로서의 국어와 시험 국어는 결이 달라요. 또한 언어 두뇌가 자라는 초등학생 때 다양한 국어 활동이 함께 이루어져야 고등학교에 가서도 절대 성적이 떨어지지 않는 국어 실력을 갖출 수 있지요. 당연히 국어도 수학이나 영어처럼 별도의 공부가 필요합니다."

저는 그 길로 국어 기본기를 갖출 수 있도록 시윤이의 학습 계획을 지도해주었습니다. 사실 중3 때까지 국어 실력을 탄탄하게 만드는 것이 실용적이고 합리적입니다. 하지만 시윤이가 국어 공부를 다른 아이들에 비해 늦게 시작한 것은 아닙니다. 체계적인 국어 공부가 중요하기는 하지만 대부분의 아이가 그렇게 하고 있지 않은 것이 현실입니다. 고등학교 1학년 2학기가 되어서야 부족한 국어 실력의 심각성을 깨닫는 대부분의 아이보다는 문제를 빨리 발견한 것이기에 시윤이에게 가능성은 충분히 있다고 생각했지요.

시윤이는 중3 여름방학부터 일주일에 한 번씩 내신 국어가 아닌 수능 국어 형태에 익숙해지는 연습을 했습니다. 수능 국어는 크게 5개 영역, 화법, 작문, 문법, 문학, 비문학 독서로 이루어져 있기 때문에 영역별로 공부를 진행했고 더불어 취약한 어휘력도 늘려나가기로 했지요.

먼저 문학과 화법은 통합교과 교재로 시가, 산문, 비문학과 다양한 언어 영역을 균형 있게 학습했습니다. 주요 시가 작품은 반드시 암기를 했습니다. 이 과정을 통해 어휘력이 향상했습니다.

시윤이는 적극적으로 수업에 참여했기에 짧은 시간이었지만 어휘력이 향상되었고 독해력도 점진적으로 높아졌습니다. 그때부터 인문, 사회, 법, 경제, 예술 등 다양한 분야의 책을 읽으며 배경지식을 쌓고 기출문제를 풀면서 국어 실력을 높여갔습니다.

저희 연구소에서 경제학 관련 비문학 독서를 공부할 때 함께 읽는 『맨큐의 경제학』을 처음 접했을 때, 시윤이는 힘겨워했습니다. 경제 지문은 글을 읽은 뒤 표나 그래프를 이용해서 표현하고 이를 해석하는 것이 주된 내용이라 훈련을 받지 않은 경우에는 몇 번을 읽어도 글의 내용을 파악하기가 쉽지 않기 때문입니다.

하지만 표나 그래프 해석도 반복적으로 읽고 해석하면서 익숙해지고 나면 오히려 정확한 독해가 가능해집니다. 그리고 경제 관련 지문을 대부분의 아이가 어려워하기 때문에 이 영역을 잘하게 되면 국어에 자신감이 생깁니다. 그렇게 자신감이 붙은 시윤이는 지난 10년간 수능에 출제된 비문학 독서 지문을 읽고 문제를 풀면서 점차 도표나 그래프 해석에 관한 글도 쉽게 풀었습니다.

학습을 진행하면서 정기적으로 고1 모의고사를 보았는데, 초반에는 점수가 좀체 상승하지 않던 시윤이지만 교재를 한 권씩 끝내고 책을 완독해갈 때마다 상승하기 시작했습니다.

그리고 해가 바뀐 뒤 치른 고등학교 1학년 첫 모의고사에서 시윤이는 당당히 국어 만점을 받았습니다. 시윤이보다 중학교 성적이 좋았던 친구들을 월등히 뛰어넘는 성적이었죠. 괴물이라며 마냥 두려워했던 국어가 자신감을 주는 과목으로 변신한 것입니다. 만약 시윤이가 계속 제대로 된 국어 공부를 하지 않고 다른 과목에만 집중했다면 얻을 수 없는 결과였지요.

　안타깝게도, 대부분의 학생이 시윤이와 비슷한 상황에 처해 있습니다. 심지어 아직 문제가 무엇인지도 모르고 있지요. 병으로 치면 잠복기인 셈입니다. 이 잠복기를 눈치채지 못하는 이유가 있습니다.
　어릴 때부터 웬만큼 공부를 해왔고, 학습 태도가 좋은 아이라면 초등학교 때까지 국어 공부를 따로 하지 않아도 '아주 잘함'이라는 성적을 늘 받게 됩니다. 사실 초등학생 때는 아주 팡팡 노는 아이가 아니고서야 다 '잘함' 또는 '아주 잘함'을 턱턱 받아옵니다.
　그런데 중학교부터는 조금씩 실력 차이가 드러납니다. 물론 마냥 놀던 아이는 성적이 뚝 떨어지는 반면, 국어 공부는 따로 안 했어도 수학과 영어 등을 꾸준히 하면서 독서라도 열심히 했던 아이는 웬만큼 성적을 유지합니다. 특히 이런 아이들은 수학과 영어에서 최상위권을 차지하며, 수업만 집중해서 잘 들어도 국어도 상위권을 유지합니다. 중학교까지의 국어 시험은 모두 배운 데서 출제되기 때문입니다. 그래서 중학교 3학년까지는 국어 때문에 힘들어하는 아이가 별로 없지요. 학교 수업을 열심히 듣고 예습과 복습을 착실히 하면 학교 국어 성적을 올리는 데는 큰 문제가 없습니다. 즉, 공부를 안 해서 성적이 안 나올 순 있어도 공부를 했는데 성적이 안 나오는 일은 거의 없다는 말입니다.

그러다가 고등학교에 진학하면 결국 첫 번째 모의고사에서 당연히 받을 거라 믿었던 1등급을 못 받는 경험을 하게 됩니다. 국어가 우리말이기 때문에, 나름대로 책을 많이 읽었으니까, 중학교 때 학원에 다녔거나 초등학교 때 논술학원에 다녔으니까 등등의 이유로 국어 실력을 탄탄히 쌓아두지 않다가 걱정하지 않았던 국어가 걱정해야 하는 과목이 되는 것입니다.

이 같은 현상으로 알 수 있는 사실은, 초등학교 때 튼튼한 국어 뿌리를 내려야 고등학교 때 열매를 거둘 수 있다는 것입니다.

이러한 현실에도 아직 많은 학부모님이 국어 공부에 세심한 주의를 기울이지 않습니다. 그러다 결국 국어에 발목을 잡히고 말지요. 왜 많은 학부모님이 아이의 국어 공부를 방치하는 것일까요?

첫째, 국어가 모국어라며 방심하기 때문입니다. 국어는 학교에서 배우는 교과목이기 전에 모국어입니다. 매일 국어로 다른 사람과 대화하거나 문자메시지를 주고받고, 신문 기사나 책을 읽으며 방송을 보고 듣지요. 우리 아이들은 생활 속에서 어느 정도의 국어 수준을 갖추게 됩니다. 그래서 일찍부터 국어 공부를 체계적으로 할 필요성을 느끼지 못합니다.

반면 수학은 수 세기와 연산을 시작으로 미적분, 확률과 통계, 함수, 기하에 이르는 학습이 필요한 과목이라는 것을 부모님이 몸소 경험해봤기에 알고 있습니다. 부모님이 학창 시절 고생을 해봤기 때문에 몸과 마음의 경험으로 체득한 것이지요. 수학은 단계별 나선학습 구조이므로 내용의 기반이 다져 있지 않으면 새로운 개념을 쌓아가기는커녕 오늘 배운 내용을 복습하기조차 어렵습니다. 이렇게 수학은 초등학교나 중학생 때부터 문제가 드러나니 다들 부랴부랴 공부합니다. 그러나 국어는 중학교 때까지 학교 수업을 따라가는 데 어려움이 없다고 여기며 시간을 보내다가 고등학교에 가서 드디어 문제가 발생하는데 이때 해결책을 찾으려면 많은 대가를 지불해야 합니다. 마치 우산 없이 여름철 장마를 견뎌야 하는 것처럼 말입니다.

둘째, 어떻게 해야 국어 성적이 오르는지 모릅니다. 본격적으로 입시를 위해 달려야 하는 고등학생이 되어서도 국어 공부를 어려워하는 아이가 참 많습니다. 그런데 국어 성적이 왜 오르지 않는지를 아는 아이와 학부모님은 극히 드물지요. 아무리 공부해도 국어 성적이 오르지 않는 것이 독해력이나 어휘력, 문법 지식이 부족하기 때문인지, 문학의 감성을 파악하지 못하기 때문인지 스스로 파악하기 어렵습니다. 각 단원에서 배우는 내용이 분명히 구분되고 단계 학습이 이루어져 어떤 단원이 부족한지 단박에 알 수 있는 수학 과목과 비교되지요. 이쯤 되면 시험 범위가 굉장히 넓은 모의고사나 수능 국어 영역의 특성상 1등급을 노리는 건 첩첩산중 험난한 길입니다. 결국 수포자(수학포기자)가 아니라 국포자(국어포기자)가 되어버리기까지 하지요. 국어 실력이 오르는 방법을 제대로 알면 그걸 따라 실행하면 되는데 모르니까 안 시키게 되는 겁니다. 무엇이 문제인지도 모르고 해결책도 모르니 우왕좌왕하며 이런저런 공부를 하게 됩니다.

고등학교에 진학한 뒤 국어 실력을 올리려면 많은 시간과 노력이 필요합니다. 국어 성적이 오르지 않아서 시간을 투입하면 다른 과목의 성적이 떨어지는 악순환이 생기기 때문입니다. 그리고 시간을 투입한다고 해서 사회나 과학처럼 쑥쑥 성적이 오르지도 않습니다. 당장 고등학교 학부모에게 전화해서 확인해보시면 정확한 답을 얻으실 수 있습니다. 그나마 시간이 있는 초등학교와 중학교 때 아주 조금만 투자해서 체계적인 국어 공부를 해두면 그 효과는 고등학교 때 확실히 알 수 있습니다. 젊어서 열심히 저축한 돈으로 마련한 월세가 나오는 작은 건물을 가지고 있는 것처럼 말입니다.

교육 현장에 있다 보면, 공부를 필요에 의해서 하지 않고 유행에 맞춰 쇼핑하듯이 하는 경우를 많이 봅니다. 하지만 많은 사람이 선택한 길이 반드시 옳은 길은 아닙니다. 들뜬 마음을 가라앉히고 우리 아이가 몇 년 뒤 치를 입시 요강과 시험문제를 찬찬히 살펴보세요. 그렇다면 이제라도 국어 공부를 제대로 해야겠다는 깨달음을 얻으실 겁니다.

교과서 읽기는 공부의 기본

"교과서 읽기가 너무 어려워요. 몇 번을 읽어도 무슨 말인지 모르겠어요."

저와 처음 만난 날, 형우가 말했습니다. 초등학교 3학년이었던 형우는 동네에서 둘째가라면 서러울 정도의 장난꾸러기였습니다. 책을 읽는 것은 고사하고, 한자리에 앉아 50분의 수업을 듣는 것도 힘들어했습니다. 교과서에 나오는 말은 잘 이해되지 않고, 그저 놀고만 싶어서 집중을 하지 않으니 공부가 재미없었지요. 학교에 가지 않겠다고 엄마와 여러 번 실랑이도 벌였습니다.

그런데 학부모님들도 아시다시피, 교과서는 공부의 기본 중의 기본입니다. 학교에서 배우는 지식은 모두 교과서에 쓰여 있고, 이를 읽어야 지식이 쌓이고 공부가 무르익습니다. 교과서를 읽지 못한다면? 당연히 학업 성취도가 떨어지겠지요. 장난꾸러기 형우의 학업 성취도가 염려될 수밖에 없습니다.

　이렇게 교과서를 잘 못 읽는 현상은 소수의 아이들에게서만 나타나는 게 아닙니다. 교과서를 읽지 못하는 아이들, 즉 '문해력(文解力)'이 부족한 아이는 생각보다 많습니다. 문해력은 글을 읽은 후 내용을 정확히 이해하고 판단하는 능력입니다. 인문, 사회, 과학, 기술, 경제, 문화, 예술 등 다양한 분야의 글부터 데이터, 통계 등 숫자로 된 내용까지, 정보를 포함하는 모든 내용을 올바르게 읽고 의미를 파악하는 힘이지요.

　그러나 문해력이 부족하여 학습에 어려움을 겪는 학생이 해를 거듭할수록 꾸준히 늘고 있습니다. 심지어 지능이나 시청각에 문제가 없는데도 글을 정확하게 쓰거나 읽지 못하는 학습장애인 '난독증'에 걸린 초등학생이 전국에 2.4%나 된다고 합니다. 경중은 달라도, 난독 관련 증상을 보이는 학생이 2만 3000명 이상이나 되는 셈입니다(2016 난독증 현황파악 연구보고서).

　이 아이들은 학교 수업 시간에 보는 교과서조차 읽기가 힘들어 쩔쩔맨다고 합니다. 자연히 모든 수업 시간이 싫어지고, 책상에 앉아 있는 것도 싫어지고, 결국 학교 가는 일 자체를 싫어하게 되겠죠.

　저는 형우의 학습 양상에 대해 어머니와 먼저 이야기를 나누었습니다.

"책을 읽고 나서 무슨 내용이냐고 물어도 대답을 잘 못해요. 책을 읽는 동안 집중도 잘 못하는 것 같고요."

형우와 어머니의 이야기를 들어보니 형우에게 가장 시급한 것은 앞서 이야기한 학습의 기초인 문해력을 다지는 일임을 알 수 있었습니다.

"어머니, 형우에게 지금 가장 필요한 것은 체계적인 국어 읽기와 내용 파악하기입니다. 초등 저학년인 지금 기틀을 잡지 않으면 앞으로 더 나은 학습 성취를 기대하기는 어렵습니다."

형우 어머니는 '문해력의 씨앗'부터 키워야 한다는 저의 의견을 충분히 이해하셨고 이에 따른 교육을 진행하기 시작했습니다. 먼저 형우는 교과서를 비롯한 이야기책을 소리 내어 읽기부터 시작했습니다. 예상했던 대로 형우는 끊어 읽어야 할 곳을 몰라 더듬대기 일쑤였죠. 그래도 형우를 독려하며 올바른 끊어 읽기 지점을 알려주었고 잘못된 발음을 정확하게 교정해 자연스럽게 읽을 수 있도록 지도했습니다.

"주인공 이름은 뭐고 누구와 살고 있지?"

"주인공은 하교길에 어떤 일이 있었지?"

한 편의 글을 읽은 뒤에는 이야기 속에 나오는 정보를 물어보며 형우가 직접 정보를 정리하도록 했습니다. 형우가 찾은 정보는 친구들과 서로 공유하면서 미처 파악하지 못한 내용을 함께 알아가게 했지요. 이와 함께 공부 집중력을 올리는 데 효과적인 시 암송도 병행했습니다. 3개월쯤 지나자 드디어 형우에게 조금씩 변화가 나타나기 시작했습니다. 국어를 바르게 읽게 되자, 한 줄도 제대로 읽지 못해 배배 몸을 꼬던 아이가 집중해서 몇 페이지를 넘기며 읽었지요. 또한 내용이 머릿속에 순서대로 정리되니 전후 문맥을 논리적으로 파악하는 힘이 올라가고, 이는 곧 비판적이고 추론적인 사고로 뻗어나갔습니다. 말 그대로 서서히 싹을 틔우던 국어력이 폭발적으로 성장하기 시작한 것이죠.

형우는 학교 수업에도 점차 적응해나갔습니다. 늘 친구 옆구리를 찌르며 낄낄거리던 형우의 손에는 어느새 청소년을 위한 문학 전집이나 세계 위인전이 들려 있었습니다. 글 읽기에 익숙해지고 아는 어휘가 많아지니 읽고 이해할 수 있는 책의 수준 또한 올라간 겁니다.

그리고 더욱 놀라운 변화가 한 가지 더 있었는데요. 문해력이 안정되자 국어 과목뿐만 아니라 수학 성적도 향상된 것입니다. 수학 교과서 속 수식과 문제들도 엄밀히 말하면 활자로 적힌 정보입니다. 문해력이 떨어지면 수학 개념은커녕 문제도, 숫자들의 계산식도 이해하지 못하게 되지요. 늘 계산 중에 삐끗하던 형우였는데, 문해력이 높아지자 계산해야 할 것들을 놓치지 않게 되었습니다. 그저 장난꾸러기였던 형우는 3개월이 지나, 이제 초등 고학년을 대상으로 하는 매우 높은 수준의 수학 경시대회 입상을 위해 준비하고 있습니다.

국어 실력과 학업 성취도의 관계는 이미 오래전부터 강조되어 왔습니다. 많은 교육 관계자가 학업 성적을 올리기 위해서는 국어의 기본기부터 닦아야 한다고 입을 모으지요. 그 이유는 형우 사례에서 보았듯, 바로 '문해력' 때문입니다.

중학생이 되면 정말 많은 아이가 "교과서 읽기가 너무 힘들어요!" 하고 아우성을 칩니다. 교과서 속 글의 난도가 초등학교에서 중학교로 진학하는 순간 훅 올라가기 때문입니다. 한 페이지에 길어야 서너 줄의 글이 있는 초등학교 교과서와 달리 중학교 교과서에는 긴 설명 글이 등장하죠. 교과서에서 다루는 개념도 훨씬 더 심화되고 다양합니다. 여기에 사회문화, 과학, 역사, 법, 윤리 등 다른 과목의 개념이 더해지면서 공부가 아주 고통스러운 일로 변합니다.

이렇게 갑자기 어려워진 교과서에 안 그래도 적응이 안 된 아이들은 당황할 수밖에 없는데, 어휘력과 문해력 등 기초적인 국어 실력마저 약하다면 어떻게 될까요? 초등학교 때까지 조금만 하면 되던 공부가 많이 해도 잘 안 되는 공부로 변하는 겁니다.

초등학생 때 만난 형우와 달리, 중학생이 되어 이런 문제로 저를 찾아오는 경우도 많습니다.

"애가 책을 영 못 읽어요. 공부에는 갈수록 더 흥미도 없고요."

중학교 2학년 때, 처음 만난 태호는 공부를 아예 포기한 모습이었습니다. 학교 수업 시간엔 졸기 일쑤고, 다니고 있던 학원의 레벨 테스트에서도 고전을 면치 못하고 있었죠. 누가 봐도 '난 공부 안 해!' 하는 모습이었습니다.

저는 태호의 어머니와 깊은 상담을 나누었습니다. 지난 시간 동안 태호에게는 과연 어떤 일이 있었을까요? 어머니는 태호가 초등학교 저학년 때부터 책을 바르게 읽는 데 어려움이 있었다고 했습니다. 또박또박 읽어보라고 시키면 더듬대기 일쑤고, 생각하지 못한 곳에서 끊어 읽거나 한참이나 읽지 못하는 등 문제가 있었습니다. 하지만 어머니는 일시적인 현상이라고 여겼습니다. 학교에 다니다 보면 나아지겠지 하고요.

태호는 확실히 초등 3학년을 넘어가면서부터는 책 읽기가 수월해지는 듯 보였습니다. 그래서 태호 어머니도 안심했는데, 점차 학습 집중력이 나빠지더니 6학년 때부터는 어떤 시험에서도 결과가 좋지 않았습니다. 중학교 입학 대비로 다녔던 학원도 소용없었다네요. 공부에 흥미를 잃어가던 태호는 결국 중학교에 진학해서는 아예 공부에 손을 놓고 말았습니다.

저는 어머니의 이야기를 들으며 태호가 첫발부터 어긋나게 디뎠음을 깨달았습니다. 초등 저학년 때 끊어 읽기를 잘 못한 걸 바로잡지 못했던, 바로 그 타이밍 말입니다.

태호는 초등학교 1학년 때 올바른 발음으로 제대로 끊어 읽기를 못 하면서 글의 내용을 정확히 파악하지 못했습니다. 문해력의 시작인 '알기'조차 안 된 겁니다. 그러다 3학년부터 책 읽기가 좀 나아진 건, 서당 개 삼 년이면 풍월을 읊듯이 글 읽기가 조금은 익숙해지면서 예전보다 자연스러워진 겁니다.

분명 이때 부모님이나 선생님이 좀 더 주의를 기울여 태호의 읽기를 관찰했다면 군데군데에서 태호도 조사나 중요 서술어를 빠트리거나 자기 맘대로 바꿔 읽는 걸 발견했을 겁니다. 즉, 유창하게 읽기가 안 되는 거죠.

유창하게 읽기가 안 되면 내용을 알기는 해도 잘못 이해하는 부분이 생깁니다. 잘못 아니까 문제를 풀면 당연히 틀리죠. 그리고 앞의 문장에선 이 얘기를 하는데 뒤의 문장에선 왜 이런 말이 나오는지 기초 정보 파악도 어렵습니다. 문해력의 다음 단계인 '이해'에 실패한 겁니다. 그렇게 수업 내용도 제대로 이해하지 못한 채 고학년이 되니까 축적된 지식이 없는 건 당연했습니다. 시험만 쳤다 하면 점수가 낮으니, 태호가 중학교에 올라와 아예 공부 포기를 선언한 것도 이해가 됩니다.

이 두 이야기로 초기 문해력이 아이의 읽기, 나아가 학습 전반을 어떻게 좌우하는지 아실 수 있을 겁니다. 첫 단추가 어긋나지 않도록 학습의 씨앗인 아이의 문해력을 먼저 길러주어야 하지요.

국어를 잘해야 수학과 영어도 잘한다

❋

현장에서 아이들을 가르치는 선생님들에게서 '웃기고도 슬픈' 일화를 종종 듣습니다. 중학교에서 영어를 가르치는 모 선생님은 수업할 때 가장 어려운 것이 '국어'라고 합니다. 영어는 잘하는데 국어를 못하는 아이가 많아서 영어 선생님이 영어 때문이 아니라 국어 때문에 고생하는 경우가 많습니다.

한번은 교과서 지문에 'Consider'라는 단어가 나왔다고 합니다. 아이들에게 단어의 뜻을 물어보니 '고려하다'라고 잘 답했고, 다음 문장으로 넘어가려는데 몇몇 아이들이 웅성댔습니다.

"선생님, '고려하다'가 무슨 뜻이에요?"

선생님은 말문이 턱 막혔습니다. 중학교 2학년이나 되는 아이들이 '고려하다'라는 우리말의 뜻을 모른다니 충격이었던 거죠. 게다가 'Consider'의 뜻이 '고려하다'인 건 아는데 고려한다는 게 뭔지를 모르다니요.

이런 일이 생각보다 많이 일어납니다. 영어를 잘하기 위해서도 국어 공부를 해야 합니다.

영어와 국어 실력의 상관관계는 가벼이 넘길 일이 아닙니다. 영어 난도가 올라갈수록 국어 실력과의 상관관계는 커지고, 그만큼 국어 실력이 영어 공부에까지 영향을 미치기 때문입니다. 예를 들어 'Apple, Dog, Tiger'와 같은 비교적 쉬운 어휘 수준에서는 별문제가 없습니다. 하지만 중학교 때 나오는 'Alternative' 정도의 영단어 수준만 되어도 우리말 어휘력이 낮으면 이해도가 현저히 떨어집니다. 'Alternative'가 '대체의, 대안적인'이라는 뜻이라고 외울 수는 있지만, 이 단어를 문장에서 만났을 때도 글을 읽으며 그 뜻을 곧바로 바르게 떠올리고 문맥을 완벽히 이해할 수 있을까요?

예를 들어 'Alternative medicine'이란 단어가 문맥 속에 등장하면 어떨까요? 아마 그동안 쌓아온 영단어 암기 실력으로 대충 '대체 의학'으로 번역은 할 수 있을 겁니다. 그런데 문제는 그다음입니다. 그 대체 의학이라는 게 뭔지를 모르고 영어 지문 속에서 헤매는 것이지요. 나머지 아는 단어로 더듬더듬 문맥을 유추해보려고 하지만, 계속 반복되어 나오는 중심 단어의 뜻을 모르면 글의 내용이 완벽히 이해될 리가 없습니다.

그래서 간단한 영어 회화를 할 줄 알거나 자막 없는 영어 영상도 곧잘 보던 아이라도 조금만 수준 높은 어휘가 나오거나 철학, 과학, 정치, 경제를 다루는 교양 영문을 마주하면 읽지 못하는 경우가 많습니다. 다시 말해 생활 영어 수준의 영어를 넘어설 때부터는 국어를 잘해야 영어도 잘하게 된다는 겁니다.

수능 영어에서도 부족한 국어 실력은 큰 걸림돌로 작용할 수 있습니다. 54쪽은 수능에서 출제된 영어 지문과 이를 번역해놓은 글입니다.

학부모님들은 이 지문의 해석 부분을 잘 읽어나가실 수 있나요? 낯선 단어에 쉽게 읽히지 않는 문어체로, 많은 분이 작게 '에휴' 하고 한숨을 내쉬었을 겁니다.

아무리 성인이라도 문해력이 좋지 않으면 우리말 번역도 이해하기 어려운 게 당연합니다. 어른도 그런데, 하물며 아이들은 어떻겠나요. 가뜩이나 복잡한 철자로 이루어진 영단어에 심리적으로 위축되었는데, 열심히 뜻을 풀어봐도 문맥을 파악하거나 논점을 잡지 못해 혼란스러워질 게 분명합니다. 머릿속이 뒤죽박죽되어 결국 출제된 문제마저 오독할 가능성이 크고요. 한 문항으로 등급이 달라지기도 하는 수능에서 지문 하나에 딸려 나오는 2~3개의 문제를 모두 놓친다면 너무나 안타까운 일 아닐까요? 영어 실력 때문이 아니라 한글 뜻을 몰라 점수를 놓치는 것이 더 속상한 일일 겁니다.

비단 영어뿐만이 아닙니다. 국어 실력의 중요성은 수학에서도 드러납니다. 제가 EBS 「60분 부모」와 YTN사이언스 「수다학」에 출연했을 때, 학부모님께 많이 들었던 고민 중 하나는 아이가 문장제 수

23. 다음 글의 주제로 가장 적절한 것은?

Human beings do not enter the world as competent moral agents. Nor does everyone leave the world in that state. But somewhere in between, most people acquire a bit of decency that qualifies them for membership in the community of moral agents. Genes, development, and learning all contribute to the process of becoming a decent human being. The interaction between nature and nurture is, however, highly complex, and developmental biologists are only just beginning to grasp just how complex it is. Without the context provided by cells, organisms, social groups, and culture, DNA is inert. Anyone who says that people are "genetically programmed" to be moral has an oversimplified view of how genes work. Genes and environment interact in ways that make it nonsensical to think that the process of moral development in children, or any other developmental process, can be discussed in terms of nature versus nurture. Developmental biologists now know that it is really both, or nature through nurture. A complete scientific explanation of moral evolution and development in the human species is a very long way off.

해석 인간은 유능한 도덕적 행위자로서 세상에 들어오지 않는다. 또한 모든 이가 그 상태로 세상을 떠나지도 않는다. 하지만 (태어나서 죽는) 그 사이의 어딘가에서, 대부분의 사람들은 그들에게 도덕적 행위자 공동체의 구성원 자격을 주는 얼마간의 예의를 습득한다. 유전자, 발달, 그리고 학습은 모두 예의 바른 인간이 되는 과정에 기여한다. 하지만 천성과 양육 사이의 상호작용은 매우 복잡하며, 발달 생물학자들은 그저 그것이 얼마나 복잡한지를 간신히 이해하기 시작하고 있을 뿐이다. 세포, 유기체, 사회집단, 그리고 문화에 의해 제공되는 맥락이 없으면, DNA는 비활성이다. 사람들은 도덕적이도록 '유전적으로 프로그램이 짜여 있다'고 말하는 누구든 유전자가 작동하는 방식에 대한 지나치게 단순화된 견해를 가지고 있다. 유전자와 환경은 아이들의 도덕적 발달 과정, 또는 다른 어떤 발달 과정이, 천성 '대' 양육이라는 견지에서 논의될 수 있다고 생각하는 것을 무의미하게 만드는 방식으로 상호작용한다. 발달 생물학자들은 이제 그것이 진정 둘 다, 즉 양육을 '통한' 천성이라는 것을 안다. 인간 종의 도덕적 진화와 발달에 대한 완전한 과학적 설명은 까마득히 멀다.

학 문제를 어려워한다는 것이었습니다. 저는 이 이야기를 들으면 예외 없이 이렇게 대답합니다.

"수학 공부와 함께 국어 공부도 지도해주세요."

학년이 올라갈수록 국어 실력, 정확히 말하면 독해력이 부족하면 수학 문제의 의미를 제대로 파악하기 힘들어집니다.

엄마와 함께 연구소를 방문한 혜성이는 똘망똘망한 눈에 호기심 많은 얼굴이었습니다.

"초등 1~2학년 때까진 수학이 어렵다는 말을 전혀 한 적이 없었어요. 근데 올 들어 수학을 힘들어하네요."

혜성이는 초등학교 입학 전부터 공부방에서 소그룹 놀이 수학 수업에 참여하는 등 수학에 친해지는 습관을 길러왔기에 부모님은 혜성이가 수학을 쭉 좋아하고 잘할 것이라고 생각했습니다. 그랬던 혜성이가 5학년에 올라가서는 수학을 힘들어하고 피하기 시작했습니다.

부모님은 저에게 혜성이가 중학교에 올라가기 전까지 수학 실력을 올리고 싶다고 말씀하셨습니다.

"혜성아, 이 문제 한번 풀어볼래?"

저는 혜성이에게 간단한 수학 문제를 풀어보게 했습니다. 문제를 본 혜성이는 문제 밑에 밑줄을 그으며 여러 번 고개를 갸우뚱거렸지요. 몇 번이나 읽기를 반복한 끝에야 혜성이는 간신히 기본 풀이식을 적었고 계산을 해냈습니다. 저는 그 모습을 보고 혜성이의 학습 문제점을 찾았습니다.

"혜성이가 수학 실력을 올리려면 국어를 함께 공부해야 합니다. 수학은 국어와 상관관계가 높은 과목입니다."

제 말에 혜성이 부모님은 의아해하셨습니다.

혜성이가 힘들어하던 문제는 다음과 같은 것입니다.

『초등 사고력 수학 1031 초급』 발췌

정이는 매일 아침마다 동네 슈퍼마켓에서 1,000원짜리 오렌지 주스를 한 병씩 사 마십니다. 슈퍼마켓에서는 빈 병 5개를 가져오면 500원을 거슬러 준다고 합니다. 정이가 9월 한 달 동안 슈퍼마켓에서 매일 주스를 마신다면 적어도 얼마가 있어야 하는지 구하시오.

초등학생 수학 문제지에서 흔히 볼 수 있는 수학 문제입니다. 글밥이 엄청 많은 것도 아니지요. 하지만 독해력 수준이 낮으면 어떤 순서로 계산을 해야 할지 막막해집니다. 단순히 얼마와 얼마를 더해서 값을 구하라는 수준이 아니니까요. 일단 세 문장 안에 정보가 너무나 많습니다. 몇 단계의 복잡한 수학적 사고가 필요한 문제입니다.

만일 이 문제를 풀 아이가 신용카드 사용에 익숙하거나 현금 결제를 해서 거스름돈을 받아본 경험이 없다면 거슬러 준다는 말의 의미도 아리송할 수 있습니다. 9월이 30일이라는 배경지식이 없거나, '적어도'라는 말의 의미를 몰라 쩔쩔매게 될 수도 있지요.

이 문제의 풀이 방식은 다음과 같습니다.

풀이

9월 한 달은 30일이므로 정이는 30개의 주스를 마셔야 함.
25병을 사면 25×1000=25000원
➡ 빈 병 25개가 생긴다. 25개의 빈 병을 가져가면 거스름돈
(25÷5)×500=2500원
➡ 2500원으로 3병을 사려면 필요한 금액 500원, 3병
➡ 2병을 사려면 필요한 금액 2000원, 2병
그러므로 적어도 27500원 필요함.

혜성이처럼 국어 실력이 부족한 아이들은 수학 문제를 읽는 데 시간이 걸립니다. 몇 번이나 처음으로 돌아가 문제를 다시 읽는 행동을 반복하고 나서야 머릿속에 문제가 요구하는 연산 식이 떠오르지요. 풀고 나서 답안지를 읽을 때도 다른 친구에 비해 몇 배 시간이 더 걸리고요. 그런데, 실제 수능 시험을 치러 가서도 이런다고 상상해보세요. 특히 배점이 크고 긴 문제 하나를 가지고 씨름한다면 다른 문제를 풀 수 있는 기회까지 놓치게 됩니다.

초등 저학년의 사칙연산이나 분수 정도의 개념에서는 국어 실력

과 수학 실력이 별 관계가 없어 보이긴 합니다. 하지만 아이의 학년이 오르면서 맞닥뜨리게 되는 수학 문제는 한 번에 빠르게 훑으며 풀 수 있는 문제가 아닙니다. 줄글로 된 문장제 문제를 읽고 이야기 속에서 변화하는 수의 흐름을 파악하여 답을 생각해야 하지요. 그리고 이런 걸 떠나서도 수학에서 논리력이 중요함을 생각하면 수학과 국어의 상관관계는 당연한 이야기지요.

결국 국어를 잘해야 수학과 영어도 잘할 수 있습니다. 그래서 국어 공부가 모든 과목의 뿌리가 되는 겁니다.

2장

똑똑한 부모들이 국어 먼저 시작하는 이유

국어의 하방경직성

❄

"수학이랑 영어 공부할 시간도 부족한데, 국어를 꼭 어릴 때부터 해야 하나요?

수학과 영어를 공부하기도 버거운데 어릴 때부터 국어 공부를 시작해야 한다는 제 말에, 많은 학부모님이 이렇게 생각하십니다. 국어는 어차피 늘 쓰는 한글이니 수능을 앞두고 바짝 하는 게 낫지 않냐고요.

아닙니다. 국어야말로 유초등 때부터 시작해야 할 이유가 있습니다. 국어의 '하방경직성' 때문입니다. 하방경직성이란 수요 공급의 법칙에 따라 당연히 내려가야 하는 가격이 어떠한 이유로 더 떨어지지 않는 성질을 뜻하는 경제학 용어입니다. 갑자기 웬 경제학 이야기인가 싶으시겠지만, 국어가 바로 이 하방경직성을 지니고 있습니다. 즉, 국어는 한번 실력을 쌓으면 아래로 잘 떨어지지 않는 성질을 지녔다는 말입니다.

교과목에서 실력의 하방경직성을 따지면 국어 → 영어 → 수학 → 탐구 순으로 나타납니다. 다시 말해, 일정 정도 실력을 올려놓은 뒤 공부를 덜 해도 성적이 유지되는 성질이 국어가 가장 크고 탐구가 가장 적다는 뜻입니다. 61쪽의 그래프를 보면 교과목마다 성적과 공부 시간의 상관관계가 극명히 나타나지요.

국어와 영어는 독해력과 어휘력, 문법 실력이 중요한 과목인데, 일정 수준 이상의 실력을 갖춘다면 웬만해서는 줄어들지 않습니다. 그래서 여러 차례 시험을 봐도 일정한 점수대가 나오는 경향을 보이지요. 실력보다 더 잘 나오지도 덜 나오지도 않는 안정적인 과목인 겁니다.

반면 역사, 지리와 같은 사회 과목이나 물리, 화학과 같은 과학 과목은 시험을 치르고 나서 몇 달 또는 며칠만 지나도 기억나지 않는 것이 많습니다. 학창 시절에 암기 과목은 벼락치기로 공부해서 시험

초등 국어 뿌리 공부법

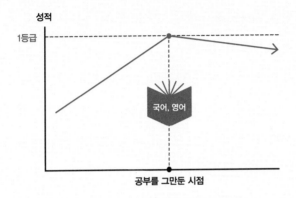

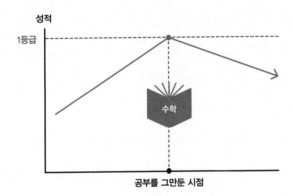

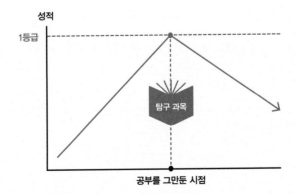

을 보고 나면, 시험 종이 치자마자 외운 게 모두 날아가 버렸던 경험 다들 있으시죠? 탐구 과목이 그렇습니다. 그래서 모의고사 한번 잘 봤다고 공부를 게을리하다가는 그다음 모의고사에서 바로 훅 떨어진 성적을 마주하게 됩니다.

수학은 국어, 영어와 탐구 과목의 중간쯤이라고 보면 됩니다. 저는 농담 반, 진담 반으로 고등학교 남학생들에게 "축구는 해도 되는데 농구는 절대 하지 마."라고 조언합니다. 수학은 일정 실력에 도달한 다음에도 연필을 잡고 꾸준히 문제를 풀며 머릿속에 익혀야 하는 과목인데, 만약 농구를 하다가 손가락이라도 다치면 당분간은 연필을 쥐고 수학 문제를 풀 수가 없겠지요. 그러면 어느 순간부터 수학실력이 하강 곡선을 그리기 시작합니다. 반면 축구를 하다 다리가 부러져도 연필은 쥘 수 있으니 수학 문제는 풀 수 있겠지요. 그래서 축구는 되고 농구는 안 된다는 겁니다.

국어 실력은 일단 높은 수준까지 도달한다면, 이후부터는 새로운 지식을 배우기보다는 문제를 풀며 실전 감각을 깨우는 것만으로도 성적을 유지하기에 충분합니다. 일주일에 한 번 정도 몇 시간 집중해서 공부하는 것으로도 충분히 실력을 유지할 수 있지요. 이런 국어의 하방경직성을 생각해본다면, 국어는 빨리 시작해서 기초를 다져놓아야 합니다.

이렇게 국어의 하방경직성을 파악하고 활용하면 어떤 좋은 결과가 생길까요? 나윤이의 사례를 보면 알 수 있습니다.

"나윤이는 어떻게 전 과목을 그렇게 다 잘해요?"

어린 시절부터 모든 과목에서 고르게 성적이 좋았던 나윤이 덕분에 부모님은 주변 사람들에게 이런 이야기를 종종 듣곤 했습니다. 국어책을 읽고 이해하는 속도도 유달리 빨랐고, 영어 역시 외국에서 연수 한번 받아본 적 없지만 레벨 테스트에서 늘 최고 레벨, 최고 등수를 기록했지요. 나윤이 엄마는 이것저것 거부감 없이 척척 받아들이는 나윤이를 신통해하며 다양한 형태의 학습을 시도했습니다.

특히 4학년이 되던 해부터는 영재원에 입학하면서 영재원 친구들과 마찬가지로 수학, 과학 과목 몰입 수업을 받았습니다. 이 선택은 늘 균형을 맞추며 이루어지던 나윤이의 학습을 한순간 불안하게 만들어버리고 맙니다.

이때부터 나윤이는 올림피아드 수상과 영재고 입학을 위해 잠과 사투를 벌이며 힘겹게 수학을 공부했습니다. 나윤이는 점점 예민해졌고 스트레스로 손톱은 다 뜯겨 있기 일쑤였습니다. 더군다나 반에서 제일 컸던 키도 1년이 넘도록 5센티미터 정도밖에 자라지 않았죠.

계속 이런 식으로 공부하는 것이 나윤이에게 좋지 않다는 것을 직감한 부모님은 제게 도움을 요청했습니다. 저는 나윤이와 진지한 대화를 나누어보았습니다.

"나윤아, 요즘 공부하는 데 뭐가 제일 힘드니?"

"…갑자기 영재고 입학을 목표로 하다 보니 공부량이 엄청 늘었어요. 수학이나 과학을 파고드는 게 너무 버거워요."

나윤이는 영재고 입학이나 올림피아드에 큰 뜻은 없지만 주위에서 다 하자고 하니 그냥 공부하는 것이라는 안타까운 속마음을 털어놓더군요.

저는 그 길로 나윤이 부모님과 논의하여, 장기적으로 나윤이의 목표를 의대로 정하고 균형 있는 학습 계획을 세웠습니다. 그간 영재원에서 수학과 과학에만 집중했던 공부 불균형을 깨고, 국어부터 튼튼히 뿌리를 내리도록 한 것이지요.

"그래도 수학을 먼저 해야 하지 않을까요? 의대도 결국 이과이고 수학 점수가 관건인데요."

나윤이 부모님은 제가 국어 공부를 학습 계획에 포함시키자 나중에 수학과 과학 등에서 다른 친구들보다 뒤처지는 것은 아닌지 걱정했습니다. 그래서 저는 국어의 하방경직성을 충실히 설명해드렸습니다. 지금 공부해두면 고등학교에 가서 공부 시간이 줄어들어도 성적이 가파르게 떨어질 일이 없고, 오히려 다른 과목에 집중할 수 있다고요.

"어머님, 아버님. 한번 생각해보세요. 다른 친구들이 국어 성적을 올리려 고군분투할 때 나윤이는 여유 있게 수학과 과학을 공부할 수 있습니다. 그만큼 나윤이가 유리한 고지에 설 수 있어요."

제 말에 나윤이 부모님은 동의하셨고, 그 이후로 나윤이는 국영수과 네 과목이 균형을 이루는 공부를 시작했습니다. 나윤이의 성실한 학습 태도와 이해력을 고려해, 또래보다 조금 더 앞선 단계의 국어 공부인 배경지식을 확장하는 공부도 포함했지요. 나윤이는 단 하루도 제 지침을 어기지 않고 열심히 공부에 매진했습니다. 공부해야 할 과목은 늘었지만 전체적인 공부의 양은 조절했기 때문에 나윤이의 스트레스도 줄어들었죠. 그뿐만 아니라 수학과 과학 공부에 집중했던 학습 과정이 얼마나 힘들었는지 부모님이 알아주었다는 안도감까지 느낀 나윤이는 더욱 긍정적인 태도로 공부할 수 있었습니다.

그 결과, 현재 중학교 2학년인 나윤이는 고3이 보는 수능 국어 영역에서 백전백승 1등급을 기록하고 있습니다. 국어 실력이 상승한 덕분에 긴 비문학 지문도 웬만한 국어 강사보다 훨씬 매끄럽고 논리적으로 해석하는 수준이 되었지요. 국어뿐만 아니라 다른 국어 연계 과목과 수학에서도 놀라운 성장을 거듭했습니다. 재밌게도 나윤이는 학습 계획을 수정한 이후, 안정적인 생활 리듬을 찾아서인지 키도 2년 사이 무려 20센티미터 가까이 자라, 건강하고 멋진 여학생이 되었답니다.

나윤이는 본격 수능생이 되었을 때 자신의 탄탄한 국어 실력이 절대 배신하지 않을 것임을 알고 있습니다. 그 자신감으로 서울대 의대를 목표로 꿈을 향해 열심히 정진하고 있지요.

나윤이의 사례를 보면, 국어의 하방경직성을 어떻게 활용하느냐가 자녀의 행복한 공부를 좌우할 수도 있음을 알 수 있습니다.

간혹 입시 공부를 생각할 때 문과를 지원하는 학생은 국어 공부를, 이과에 지원하는 학생은 수학 공부를 더 빨리 시작하고 성적을 올려야 한다고 생각하는 분들이 있습니다. 하지만 이제 과목별 하방경직성의 순서를 제대로 이해하신 분이라면 이 주장에 문제가 있다는 걸 눈치채셨겠지요? 과목별 하방경직성이 다르니 과목마다 집중해서 실력을 쌓고 공부해야 하는 시기와 순서가 정해져 있습니다.

저라면 국어나 영어처럼 하방경직성이 높은 과목은 미리 공부해놓고 상대적으로 하방경직성이 낮은 수학과 사회, 과학 등의 과목은 시험일에 가까워질수록 더 많은 시간을 할애하라고 하겠습니다. 그게 훨씬 더 합리적이고 효율적인 전략이지요. 의대나 상위권 대학의 이공계열 지망생이라도 일찌감치 하방경직성이 큰 국어와 영어 실력을 올려놓고 고등학교의 중후반기에 수학과 과학에 집중하는 것이 최적의 전략이라고 봅니다. 라면을 끓일 때도 순서가 있듯이 공부에도 순서가 있으니까요.

국어와 선행학습의 관계

※

'그럼 국어는 미리 공부해서 완성해야 되니까, 초등학생 때부터 수능 문제집을 풀어야 하나?'

혹시 제 말에 이런 생각을 하신 학부모님이 계실까요? 실제로 제가 강연이나 상담에서 "국어를 미리 공부해서 완성하세요."라고 하면 제 말을 조금 다르게 해석하는 분들이 계십니다. 이걸 마치 '선행학습'과 같은 말로 받아들이시는 것이지요. 그래서 어떤 부모님은 지금도 아이에게 중학교 수학을 선행학습시키는데, 중학교 국어 교과서에 나오는 문학작품과 문법까지도 초등학생 때 공부하라는 거냐고 묻기도 합니다.

그러나 제 말은 그 뜻이 아닙니다. 미리 공부하는 것과 선행학습은 완전히 다릅니다. 선행학습은 입시에 큰 도움이 되지 않는다고 생각하기에 오히려 저는 원칙적으로 선행학습을 반대하는 입장입니다. 선행학습을 할 수 있거나 해야 하는 학생은 100명 중에서 4명, 많이 봐야 10명 정도입니다. 본인에게 지금의 학교 진도가 너무 느리거나 쉬워서 자연스럽게 다음 내용을 먼저 공부해야 하는 학생들에게만 선행학습이 필요하지요. 실제로 이런 학생들에게는 선행학습의 효과가 좋은 편입니다.

그러나 남이 하면 나도 한다는 생각으로, 다른 집 아이가 하니까 우리 아이도 해야 한다는 식으로 선행학습을 하면 오히려 독이 됩니다. 그런 아이들을 만나면 저는 부모님을 뜯어말립니다. 중학생의 경우 중간·기말고사에서 90점을 넘지 못하면 현행에 집중하는 것이 원칙입니다. 선행학습을 할 능력이 안 되는 학생이 선행학습을 하면 실력 향상에 전혀 도움이 되지 않을 뿐만 아니라 오히려 방해만 됩니다. 그래서 선행학습은 '해야 하는가, 하지 말아야 하는가'의 관점이 아니라 '우리 아이가 할 수 있는가, 할 수 없는가'의 관점에서 따져보아야 합니다.

하지만 이러한 선행학습의 부적절성에 대한 논의도 수학이나 과학에 해당하는 이야기입니다. 국어는 아예 상황이 다르지요. 수학이나 과학은 앞에서 배운 내용을 모르면 다음 단계로 넘어가기 어렵지만, 국어는 비슷한 개념을 여러 번 반복하며 차근차근 축적하고 심화해나가기 때문입니다. 교과서만 보더라도 수학은 앞에서 배운 내용을 응용하는 구성이라면 국어는 교과서마다 수록된 문학작품이나 학년 과정이 다양하고 반복적으로 나타납니다. 중학교 수학과 국어의 학습 과정을 정리한 다음의 표를 보면 그 차이를 더욱 확연히 아실 수 있습니다.

69쪽 표에서 알 수 있듯이 수학은 상대적으로 쉬운 일차방정식을 배운 뒤 이를 응용하며 이차방정식으로 순차적으로 발전해나갑니

교육부 2015 교육과정 중등 수학 〈문자와 식〉 학습 과정	교육부 2015 교육과정 중등 국어 〈읽기〉 학습 과정
❶ 문자의 사용과 식의 계산 ❷ 일차방정식: 방정식의 의미, 등식의 성질 이해 후 일차방정식 풀이 ❸ 식의 계산: 지수법칙 이해, 다항식의 곱셈과 나눗셈 원리 이해 및 풀이 ❹ 일차부등식과 연립일차방정식: 부등식 이해 후 일차부등식 풀이, 연립일차방정식 이해 및 풀이 ❺ 다항식의 곱셈과 인수분해 ❻ 이차방정식	❶ 글에 나타난 정보와 독자의 배경지식을 활용하여 문제 해결 ❷ 독자의 배경지식, 읽기 맥락 등을 활용하여 글의 내용 예측 ❸ 읽기의 목적이나 글의 특성을 고려해 글 요약 ❹ 글에 사용된 다양한 설명 방법 파악 ❺ 글에 사용된 다양한 논증 방법 파악 ❻ 동일한 화제를 다룬 여러 글을 읽으며 관점과 형식의 차이를 파악 ❼ 매체에 드러난 다양한 표현 방법과 의도를 평가 ❽ 도서관이나 인터넷에서 관련 자료를 찾아 참고하며 읽기 ❾ 읽기 과정 점검 및 효과적으로 조정하며 읽기 ❿ 읽기의 가치와 중요성을 깨닫고 읽기를 생활화하기

다. 반면, 국어는 어느 정도의 순차 학습은 필요하지만 그렇다고 맨 마지막 학습 과정을 가장 처음에 배운다고 해도 큰 무리는 없지요. 더 나아가 중학교 1학년 학생도 충분히 고등학교 1학년 국어 문제를 풀 수 있다는 말입니다. 이제는 국어를 미리 공부해서 완성할 수 있다는 말이 이해되시나요?

수능 시험에서도 이러한 국어의 특성이 드러납니다. 수학은 각 학습 단계가 있는 만큼 수능 시험을 위해 공부하고 준비해야 할 영역도 어느 정도 정해져 있습니다. 이와 달리 국어는 화법, 작문, 문법, 문학, 비문학 독서의 모든 영역이 시험 범위입니다. 다시 말하면 시험 범위가 무한정하다고 보는 것이 맞습니다. 즉, 공부해야 하는 범위가 방대하다는 말입니다. 공부해야 할 양이 많은 만큼 당연히 공부에 필요한 시간도 길겠지요. 그렇기 때문에 국어는 고등학교 이전에 미리 시작해서 안정적인 수준으로 끌어올리려는 노력이 더더욱 필요합니다.

중3까지 국어 공부를 충실히 했다면, 이때는 국어 실력이 완성됩니다. 어차피 범위가 무한정한 국어는 내가 읽어야 할 작품이 바뀔 수는 있어도 그 시를 해석하는 방식이나 대응할 시어 개념이 매번 달라지진 않습니다. 아이가 김소월 시를 읽고 파악하는 능력이 길러졌다면 그다음에 한용운 시나 이육사 시를 읽어도 충분히 이해할 수 있습니다.

　비문학 독서도 마찬가지입니다. 중3까지 국어를 완성했다면, 생소한 경제, 법률 분야의 글도 독해하고 요약하기가 크게 어렵지는 않습니다. 고등학교에 가서도 새로운 문법이 나오는 게 아니라 그저 예문이 복잡해지는 정도입니다. 이렇게 국어를 미리 완성해두면, 공부하기가 막막해서, 글을 못 읽고 어휘를 몰라서 국어를 두려워하는 일이 없어지는 겁니다. 당연히 국어가 좋아지지 않을까요? 실제로 우리 연구소에서 체계적으로 국어 공부를 한 아이들은 입버릇처럼 "선생님, 국어가 정말 재미있어요."라고 이야기합니다.

3장

이제는 국어가
입시의 당락을 결정한다

두 아이의 미래를 바꾼 국어 공부법

✻

현식이의 부모님은 고학력자였고 공부에 관해서는 일가견이 있었습니다. 그래서 현식이가 태어나기 전부터 본인들만의 교육법을 설계해두셨지요. 그에 따르면, 현식이는 초등학교 1학년부터 본격적으로 수학과 영어 공부에 많은 시간을 쏟아야 했습니다.

초등학교에 입학하자 현식이는 학교 수업 외에 수학 학원과 영어 그룹 과외, 엄마와 함께하는 창의 수학 놀이를 하게 되었습니다. 현식이의 학습 계획은 나날이 촘촘해지더니 초등학교 3학년부터는 수학 선행학습도 시작했습니다. 그렇게 몇 년이 흐르고, 6학년이 된 현식이는 우리말보다 영단어를 더 잘 알게 되었고, 동화책 한 권을 겨우 읽을 동안 수학 문제지는 거뜬히 끝내게 되었습니다.

현식이와 동갑인 수정이도 처음 상황은 비슷했습니다. 자녀의 공부 계획을 잘 짜두었던 수정이 부모님도 수정이가 초등학생이 되자마자 수학과 영어에 집중적으로 학습 시간을 투자했습니다. 학원, 학습지, 동영상, 모두가 수학 선행학습이나 영어 기초와 관련된 것이었지요.

그러나 수정이 부모님은 수정이가 초등학교 3학년을 끝마칠 무렵, 이러한 공부 방식을 전면 중단합니다. 교과서를 좀체 읽지 못하고 할아버지에게 올바른 높임말도 못하는 아이를 보며, 공부의 뿌리, 나아가 인성의 뿌리는 결국 국어에 있음을 알게 된 것입니다.

이 두 아이는 곧 중학교에 진학합니다. 그리고 중1 첫 번째 중간고사에서 서로 다른 결과를 얻게 되었죠. 두 아이 모두 전반적으로 만족할 만한 성적을 얻었지만, 수정이는 모든 과목에서 우수한 성적을 얻은 반면, 현식이는 수학과 영어에서만 90점대 점수를 얻고 나머지 과목에서는 80점대를 받았습니다.

충격도 잠시, 현식이는 전보다 더 많은 시간을 투자해 이제는 모든 과목을 열심히 공부했습니다. 그러나 초등학교 때보다 훨씬 더 두껍고 어려워진 중학교 교과서는 현식이에게 부담이었습니다. 선행학습으로 미리 진도를 빼둔 수학도 금세 따라잡히자, 결국 현식이는 주말엔 과외까지 더 해가며 입시를 향한 걸음을 시작했습니다.

수정이는 어땠을까요? 중1 첫 중간고사로 공부에 자신감을 얻은 수정이는 학교 교과를 충실히 따라가며 중학교 내내 높은 성적을 유지했습니다. 그리고 누가 시키지 않아도 스스로 책을 읽고 요점을 정리하며 배경지식을 넓혀나갔습니다.

여러분, 이 두 아이의 수능 결과는 과연 어땠을까요?

힘들어도 공부를 놓지 않았던 현식이는 가까스로 원하는 대학에 들어갔습니다. 그 과정은 매우 지치고 버거운 나날이었습니다. 반면, 수정이는 자신의 공부를 주도적으로 이끌면서 다시없을 학창 시절 12년을 의미 있게 보내고 자신이 목표로 했던 대학에 입학했습니다.

복잡한 입시 제도에
국어는 가장 좋은 대안책

❄

두 아이의 이야기를 어떻게 읽으셨나요? 사실 저는 현장에서 아이들을 직접 지도하며 이 같은 사례를 흔히 보게 됩니다. 그리고 언제나 어릴 때부터 수학, 영어에만 집착하지 않고 국어도 체계적으로 공부한 아이가 그렇지 않은 아이보다 성적과 인성 면에서 더 긍정적인 결과를 얻었지요.

물론 여전히 입시의 왕은 수학입니다. 수능에서 변별력을 끌어올리는 데 가장 중요한 과목이며 입시에서도 내신 관리의 핵심이 되지요. 그러나 저는 확실한 입시 성공의 열쇠는 국어도 놓치지 않는 데 있다고 확신합니다. 국어의 위상은 예전과 완전히 달라졌습니다. 이젠 국어 과목에서 출제된 문제 하나가 대학의 간판을 바꾸고 있거든요.

76쪽의 표는 2019학년도 수능과 2020학년도 수능의 과목별 등급 컷 표입니다. 하나씩 찬찬히 뜯어봅시다.

먼저, 등급 컷이란 전체 수험생의 4%의 분포입니다. 만일 1등급 컷이 97점이면 100점부터 97점 사이에 4%의 학생이 분포되어 있다는 말입니다. 100점을 맞거나 한 개만 틀려야 1등급이 되는 것이지요. 그런데 등급 컷이 84점이면 전체 수험생 중에서 4%의 학생들이 100점부터 84점까지 넓게 퍼져 있다는 것을 말합니다. 시험문제가 어렵게 출제되었다는 말이지요.

그런데 2019학년도 등급 컷 표를 보면 국어가 수리 가형과 나형보다 등급 컷이 낮았습니다. 2020학년도에는 수리 가형보다는 낮고 수리 나형보다는 높았죠. 국어가 수학보다 1등급 컷이 낮다는 것은?

2019학년도 수능 등급 컷

등급	국어			수학 가형			수학 나형			영어			한국사		
	원	표	백	원	표	백	원	표	백	원	표	백	원	표	백
1등급	(84)	132	96	(92)	126	96	(88)	130	96	90	–	–	40	–	–
2등급	78	125	90	88	123	90	84	127	91	80	–	–	35	–	–
3등급	70	117	77	81	117	78	73	119	76	70	–	–	30	–	–
4등급	61	107	60	73	110	60	59	108	60	60	–	–	25	–	–
5등급	51	95	41	61	99	40	38	92	40	50	–	–	20	–	–
6등급	41	84	24	43	84	23	23	80	23	40	–	–	15	–	–
7등급	31	73	11	26	69	11	15	74	12	30	–	–	10	–	–
8등급	22	63	4	15	60	4	11	71	4	20	–	–	5	–	–

2020학년도 수능 등급 컷

등급	국어			수학 가형			수학 나형			영어			한국사		
	원	표	백	원	표	백	원	표	백	원	표	백	원	표	백
1등급	(91)	132	96	(92)	130	96	(84)	134	96	90	–	–	40	–	–
2등급	84	125	89	84	124	89	76	127	89	80	–	–	35	–	–
3등급	76	117	77	77	118	77	63	115	77	70	–	–	30	–	–
4등급	65	107	60	65	108	60	53	107	61	60	–	–	25	–	–
5등급	55	98	41	50	96	41	38	93	40	50	–	–	20	–	–
6등급	42	85	23	33	82	23	24	81	23	40	–	–	15	–	–
7등급	26	70	11	20	71	11	16	74	11	30	–	–	10	–	–
8등급	20	65	4	14	66	4	11	71	4	20	–	–	5	–	–

원 원점수　표 표준점수　백 백분위

네, 수학보다도 국어가 더 어렵게 출제되었다는 뜻입니다. 이러니 국어가 대학을 결정하는 것이죠.

우리 학부모님들에게 이런 현실을 말씀드리면 다들 "어쩌다 '만만했던' 국어가 대학 간판을 바꾸는 킬러 영역이 되었나요?"하며 놀라십니다. 사실 그 이유는 현행 수능에서 영어가 절대평가로 전환된 데 있습니다.

수능에서 국·영·수·탐구 영역이 모두 상대평가였던 시기에는 각 영역의 비중을 100으로 기준 잡는다면 '수학(30):국어(25):영어(25):탐구(20)' 정도였습니다(대학마다, 연도마다 차이는 있습니다). 하지만 영어가 절대평가로 전환된 지금은 '수학(40):국어(35):탐구(20):영어(3):국사(2)' 정도의 비중으로 바뀌었습니다. 즉, 수능에서 영어의 영향력은 매우 낮아진 반면 국어의 영향력은 더욱 커졌죠. 이는 수능 상대평가 과목들이 적용하고 있는 표준점수 제도 때문입니다.

표준점수는 수험생 전체의 평균에 대비하여 해당 수험생의 상대적 위치나 성취 수준을 보여주는 점수입니다. 평균으로부터 얼마큼 떨어져 있는지를 표준점수로 알 수 있지요. 동일한 점수라도 그 과목의 평균점수에 따라 다르게 환산됩니다. 같은 100점이라도 시험이 쉬워 평균점수가 높은 과목보다 시험이 어려워 평균점수가 낮은 과목을 100점 맞을 때 더 높은 표준점수를 받습니다.

수능에서의 점수는 바로 이 표준점수제를 따릅니다. 수능에서

100점을 받았다고 모두 같은 점수라고 생각하시는 분이 많지요. 하지만 그 안을 들여다보면 같은 점수라도 표준점수는 크게 차이 납니다. 모두가 잘 보는 과목은 아무리 점수가 높게 나와도 표준점수가 낮고, 평균점수가 낮은 과목을 평균보다 잘 보면 표준점수가 높아집니다. 자연히 평균점수가 낮은 과목에서 좋은 성적을 받아야 가장 꼭대기에 우뚝 설 수 있겠죠?

그리고 1등급 컷이 낮아지면 같은 1등급, 즉 최상위권 내에서도 점수 차이가 크게 납니다. 그렇게 평균점수가 낮아서 표준점수가 높고 1등급 컷이 낮은 과목이 대학의 합격을 결정하는 주요 과목이 되는 겁니다. 최근 국어가 이런 특성을 보이고 있습니다.

이런 국어에서 가장 변별력을 지니는 영역은 어디일까요? 앞서 잠시 말씀드렸듯이 일단 수능에서 국어는 '화법 · 작문 · 문학 · 문법 · 비문학 독서'로 구성되어 있습니다. 그중에서도 우리 수험생들을 골탕 먹이는 것은 문법과 비문학 독서입니다. 2019~2020학년도 수능 국어 영역 오답률 분포를 보면 이 사실을 여실히 알 수 있죠. 수능 국어 영역에서 수험생이 가장 많이 틀린 문항을 살펴보면 1위부터 10위가 모두 독서와 문법 영역입니다.

상위권에서는 특히 수학보다도 국어의 비문학 지문을 틀리지 않는 것이 대학 당락을 더 좌우하고 있습니다. 그런데 비문학 독서는 단기

2019학년도 수능 국어 오답률 TOP10

순위	번호	오답률	영역
1위	31번	80.8%	독서
2위	42번	70.5%	독서
3위	15번	68.2%	문법
4위	28번	67.8%	독서
5위	29번	64.5%	독서
6위	30번	62.4%	독서
7위	13번	61.7%	문법
8위	40번	61.5%	독서
9위	19번	60.2%	독서
10위	41번	57.7%	독서

2020학년도 수능 국어 오답률 TOP10

순위	번호	오답률	영역
1위	40번	75.7%	독서
2위	14번	71%	문법
3위	29번	67.8%	독서
4위	41번	64.9%	독서
5위	26번	63.4%	독서
6위	19번	55.5%	문법
7위	27번	54.8%	독서
8위	19번	54.7%	독서
9위	39번	51.8%	독서
10위	42번	50.7%	독서

간에 실력을 올릴 수가 없습니다. 어린 시절부터 체계적으로 국어를 공부하지 않았다면 말입니다.

　그 증거는 서울 아이들보다 지방에 있는 아이들이 국어를 더 잘하는 현상에서 찾을 수 있습니다. 서울 아이들은 어릴 때부터 수학과 영어를 포함한 각종 학원에 다닙니다. 한편 사교육 인프라가 상대적으로 덜 발달한 지방의 아이들은 영어, 수학 사교육을 덜 하는 대신에 국어를 공부하지요. 서울 아이들이 사교육을 받느라 국어에 신경을 못 쓸 때, 지방 아이들은 국어까지 골고루 공부할 여유가 있는 겁니다. 그래서 실제로 서울 아이들이 영어를 잘하고, 지방 아이들이 국어를 잘합니다. 수학은 비슷하고요.

　"그럼 내신에서는 국어가 덜 중요하단 건가요?"

　여기까지 설명을 드리고 나면, 이런 질문을 하실 학부모님도 계실지 모르겠습니다. 물론 수시, 즉 내신 관리에서 국어가 덜 중요하다는 건 아닙니다.

　제가 '정시에서는 국어가 중요하다'라고 말한 것은 조금 다른 의미입니다. 반대로　제가 질문드리겠습니다.

　"어떤 과목이 내신 성적을 받기가 제일 어려울까요?"

　사실 이 질문은 초중등학교 학부모님들을 모시고 설명회를 할 때 자주 드리는 질문입니다. 대부분의 학부모님은 수학이 내신 성적을 받기 가장 어려운 과목이라고 말합니다. 하지만 고등학교를 한 학기만이라도 다녀보신 분이라면 이 질문이 얼마나 우문인지 아실 겁니다.

　결론부터 말하면 모든 과목이 내신 성적을 받기 어렵습니다. 왜냐하면 점수 구간을 등급으로 나누는 상대평가이기 때문입니다. 초중등학교 때까지도 상위권 성적이었던 자녀가 고등학교에 올라가자마자 받아 온 성적표를 보고 충격에 입을 못 다무는 학부모님이 그래서 많습니다. 맞힌 대로 점수가 나왔던 초등학교 절대평가식 성적표, 성취도라는 애매한 기준의 중학교 성적표를 거쳐 고등학교에 가니 이번에는 아이가 1등급이 하나도 없는 성적표를 가져왔으니까요.

　현실을 가감 없이 말씀드릴게요. 전교생이 200명이라면 전교에서 4%, 단 8명만이 1등급을 받습니다. 1등급 커트라인은 97점일 수도, 90점일 수도 있습니다. 또 100점으로 1등급을 받았을 수도 있고, 92점으로 1등급을 받았을 수도 있습니다. 어찌 되었든 전교에서 단 4%만이 1등급을 받습니다. 국어뿐 아니라 영어, 수학, 사회, 과학, 한국사 등 모두 상대평가로 등급을 정합니다. 상위 4% 안에 드는 건 모두에게 어렵기 때문에 모두 똑같이 고등학교 내신 등급을 따기가 어렵습니다.

　게다가 학교 교과과정에서 국영수는 모두 각각 5단위로 같은 가중치를 가지고 있습니다. 각 과목의 가중치가 같으니 어떤 과목이 더 중요하다는 말은 의미가 없습니다. 앞서 수능에서 영어가 절대평가로 전환되면서, 수학과 국어의 중요도가 올라간 것과는 사뭇 대비되지요. 제가 '정시에서는 국어가 중요하다'라고 한 것은 이런 배경에서 드린 말입니다.

비문학이 국어 등급을 결정한다

❅

'입시 국어는 고등학교 이전에 미리 공부해서 실력을 쌓아둬야 한다.' 이제 저의 이 논지를 잘 이해하셨겠지요? 한번 국어 실력을 쌓으면 다른 과목에 할애하는 시간을 늘려도 성적이 쉽게 떨어지지 않는 국어의 하방경직성 덕분인 거지요.

그런데 국어 과목이 지니는 독특한 성질이 또 하나 있습니다. 바로 국어의 시험 범위가 매우 방대하다는 점입니다. 특히 수능 비문학 지문은 교과서에서 배우지 않았던 다양한 자료를 바탕으로 하기에 뭘 어떻게 공부해야 할지 전혀 감이 잡히지 않지요. 누군가 족집게로 작품을 하나하나 집어서 알려주면 초등학생 때부터 그것만 공부하면 될 텐데, 그게 가능하지 않으니 학부모님들과 학생들 모두 걱정이 이만저만이 아닙니다.

어떤 글과 문제가 나올 거라고 콕 집어 말하긴 어렵지만, 그래도 어떤 단계로 입시 국어를 공부해야 하는지는 분명하게 말씀드릴 수 있습니다. 수능 국어가 지니는 특성을 생각하면 어떻게 대비해야 할지 조금 갈피를 잡을 수 있지요.

앞서 말씀드린 바와 같이, 수능 국어는 화법, 작문, 문법, 문학(시·소설·희곡과 시나리오·고전문학), 비문학 독서(설명문·논설문) 총 5가지 영역으로 이루어집니다. 이들 각 영역을 생활 국어와 밀접한 순서대로 정리하면 화법-작문-문학-문법-비문학 독서 순입니다.

먼저, 화법과 작문은 초등 국어의 핵심인 말하기, 듣기, 쓰기 영역이라 할 수 있습니다. 옛 국어 교과서의 명칭이 '말하기·듣기'와 '쓰기'였던 것을 떠올려만 봐도 화법과 작문이 얼마나 중요한 국어 영역인지 쉽게 이해되시겠지요. 그뿐만 아니라 우리의 일상 언어생활은 말하기·듣기·쓰기로 이루어진 만큼 화법과 작문을 어릴 때 잡아두어야 하는 것입니다.

다음으로 문학은 여기서 조금 더 나아가 기본적인 화법과 작문 실력을 채운 뒤 만나면 좋습니다. 문장 수준이나 표현이 고차원적인 문학작품은 어렵겠지만, 동시나 동화, 옛날이야기 정도로 초등학생 때 기초 실력을 쌓을 수 있습니다. 특히 어린 시절 자주 접하는 동화 문학작품은 보통 생활 국어와 흡사한 언어로 표현되기에 아이들은 거부감을 덜 느낄 수 있습니다. 또 일상에서 자주 접하지 않는 다양한 표현과 어휘를 볼 수 있는 시, 소설은 자연스럽게 어휘력까지 쌓아줍니다.

이처럼 화법, 작문, 문학은 학교 교과 공부만 착실히 따라가도 충분히 탄탄한 국어 체력을 쌓을 수 있습니다. 여기에 부모님께서 시 암송 놀이나 단어 뜻 맞히기 놀이 등을 함께해주신다면 더더욱 좋지요.

반면, 문법과 비문학 독서는 시험 국어로 접근해야 합니다. 학교에서 배우는 국어 수업만으로는 필요한 문법 지식을 쌓거나 방대한 주제의 글을 접하기는 어려운 일이니까요. 그런데 문법과 비문학 독서는 따로 시간을 내어 공부해야 하고 많은 학생이 공부하기를 어려워하다 보니, 수능에서 국어의 등급을 결정하는 중요한 역할을 합니다. 앞서 보았던 수능 국어 오답률 분포가 이를 말해주지요.

화법, 작문, 문학 등 남들도 다 맞히는 문항뿐 아니라 남들이 틀리는 문항을 맞힐 때 변별력을 지닐 수 있습니다. 이것이 곧 문법과 비문학 영역을 공부하는 데 화법, 작문, 문학보다 더 탄탄한 학습 계획이 필요한 이유입니다.

정리하자면, 우리 아이의 국어 공부 과정은 '학교 교과 국어로서 독해력을 높이는 동시에 화법, 작문, 문학 영역의 실력을 갈고닦는 초등학생 단계-시험 국어로서 문법과 비문학 독서 실력을 쌓고 국어 공부를 완성하는 단계'로 나아가야 합니다. 실제 국어 공부의 단계는 3부에서 구체적으로 설명하겠지만 크게 보았을 때 이렇게 국

　　　　　　　　　　　　　　　　　초등 국어 뿌리 공부법

어 공부를 체계적으로 완성해야 수능 국어에서 만족할 만한 성과를 거둘 수 있습니다.

4장

국어를 잘하면 올바른 아이로 자란다

높임말로 배우는 예의와 배려

＊

일전에, 지인의 아홉 살 딸이 저에게 사랑스런 일화를 하나 들려 줬습니다. 주머니에서 만 원짜리 한 장을 꺼내면서 "할아버지가 저 착하다고 용돈 주셨어요." 하는 것이었습니다. 기특해서 더 물어봤습니다.

"어떤 착한 일을 했길래 칭찬을 받았어?"

"할아버지께 '할아버지, 진지 잡수세요.'라고 했거든요."

아홉 살 아이가 밥의 높임 표현인 '진지'와 먹다의 높임 표현인

'잡수다'를 낭랑한 목소리로 예의바르게 말하니 어떤 할아버지인들 용돈을 쥐여주지 않고 배길까요? 흐뭇한 마음에 저도 참 크게 웃었습니다.

지인의 딸을 보면서, 국어가 가진 힘을 다시금 생각하게 되었습니다. 우리나라는 높임말이 굉장히 발달해 있습니다. 국어학자 천소영 박사의 연구에 따르면, 우리말처럼 존대법이 발달하고 그 구조도 복잡한 언어는 거의 없다고 합니다. 말을 높이는 방법도 다양하여 주체 존대부터 객체 존대, 상대 존대에 이르기까지 제대로 갖춰 말하기가 여간 어려운 게 아닙니다. 간단한 인사말이나 요청의 말에도 다음의 예시처럼 상대의 격에 따른 적절한 존대를 해야 하지요.

안녕? - 안녕하세요? - 안녕하십니까?

앉아 - 앉아라 - 앉아요 - 앉으세요 - 앉으십시오 - 좌정하십시오

영어에서라면 모두 'How are you?'나 'Hi' 또는 'Sit down'과 같이 통일되게 말하거나 좀 더 공손하게 말하고자 하면 여기에 'Please'나 'Sir' 정도를 추가하면 될 겁니다. 그러나 우리말은 그것만으로는 충분하지 않습니다. 상대의 나이나 서열 등에 따라 위의 예 중에서 적절한 것 하나를 골라 말해야 합니다. 게다가 압존법(높이려는 대상보다 더 상위의 대상 앞에서 억지로 존대를 자제하는 어법)이란 게 있어서 존

대법을 더 복잡하게 만들기도 합니다. 예를 들면 손자가 할아버지 앞에서 아버지를 언급할 때 "할아버지, 아버지께서 오셨습니다."가 아니라, "할아버지, 아버지가 왔습니다."라고 해야 하는 것이지요. 이 정도로 우리말의 높임 표현이 참 다양합니다.

이 높임 표현을 우리 아이가 잘 알게 되면 어떤 좋은 점이 있을까요? 바로 '상대를 배려하는 마음'을 갖게 됩니다. 높임 표현을 사용하려면 상대방이 나보다 윗사람이라는 인식이 선행되어야 하지요. 그리고 어른에게는 짧은 말이 아니라 긴 말을 하여 존중을 표해야 한다는 것까지 어느새 체화하게 됩니다. 그러고 나면 나이가 많은 어른뿐 아니라 처음 만나는 사람이나 공적인 자리에서 써야 하는 높임 표현도 점차 알아갑니다. 그렇게 인간관계에서 배려와 예의가 중요하다는 것도 알게 되지요.

높임 표현이란 결국 '관계'에 초점을 두고 있습니다. 대화에 참여한 사람들의 관계가 어떻게 되는지에 따라 표현이 달라집니다. 그러니까 상대에게 어떻게 예의와 배려를 보여야 하는지를 고민할 수밖에 없습니다.

우리 아이가 행실은 옳지 않고 어른을 무시하는 아이로 자라길 원하는 부모님은 없으실 겁니다. 생활 속에서 높임 표현을 올바르게 쓰도록 이끌어주신다면 아이는 인성도 바르고 행실이 성숙한 아이로 자라날 것입니다. 더 나아가 높임 표현은 내신과 수능에 자주 출제되는 영역입니다. 결국, 높임 표현을 정확히 사용할 줄 아는 아이는 예의 바르고 공부도 잘하는 아이가 되는 것이지요.

올바른 국어는
다른 사람의 마음을 여는 열쇠

❄

　다른 사람과 올바르게 소통하는 것은 세상을 조화롭게 살아가기 위해 갖춰야 하는 기본 중의 기본입니다. 그런데 간혹 무슨 이야기를 하는지 이해되지 않는 말을 하는 사람들이 있습니다. "다시 한번 말씀해주시겠어요?" 하고 몇 번을 재차 물어봐야, 하고 싶은 이야기가 뭔지 어렴풋이 알게 되지요. 하지만 계속해서 소통이 안 되는 사람도 분명 있습니다. 그런 사람을 만난다면 어떨까요? 당연히 그 사람과는 점차 이야기하기 꺼리게 됩니다.

　요즘 우리 아이들도 대화를 할 때 의미 전달에 어려움을 느끼는 경우가 많습니다. 얼굴을 마주하고 대화를 나누기보다 SNS에서 짧은 글로 내용을 주고받다 보니 소리 내어 말을 하는 걸 어색해하는 아이도 있지요. 이런 언어 습관을 계속하다 보면 또박또박 올바르게 말하기는커녕, 한 문장을 완전하게 발화하기도 어려워집니다. 그러다 보면 다른 사람과의 의사소통에도 문제가 생기겠지요.

학부모님께서는 자녀가 앞으로 살아가면서 다른 사람과 잘 소통하길 바라실 겁니다. 그러려면 어릴 때부터 차근차근 단계를 밟으며 국어 실력을 쌓아야 합니다. 탄탄한 어휘력과 독해력, 문장력으로 남의 말을 잘 이해하고 자기 뜻을 잘 정리해 전달할 수 있도록요.

5장

결국 국어는
모든 공부의 뿌리

어린 시절 국어 학습이
평생 사고력을 기른다

❊

공부는 뭘로 할까요? 두뇌로 하지요. 인간 활동의 모든 것은 뇌가 명령을 내리고, 자극을 해석하고 반응하며 이루어집니다. 그래서 우리 아이의 두뇌 발달 과정에 많은 학부모님이 신경 쓰시지요.

이러한 두뇌 발달 과정과 아이의 지능 발달의 관계를 연관지은 이론이 바로 '인지발달이론'입니다. 스위스의 생물학자이자 발달심리학자인 피아제가 아이들의 지능을 검사하면서 개발한 것으로, 새

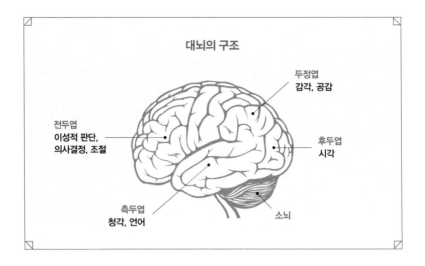

대뇌의 구조

두정엽
감각, 공감

전두엽
이성적 판단,
의사결정, 조절

후두엽
시각

측두엽
청각, 언어

소뇌

로운 환경에 적응할 수 있는 정신적 성숙(인지발달)이 한 번에 일어
나는 것이 아니라 일정한 단계를 거쳐 순서대로 발생한다는 이론입
니다.

피아제가 정리한 인지발달 단계는 크게 감각운동기, 전조작기, 구
체적 조작기, 형식적 조작기의 총 4단계입니다. 이 중 언어능력과 사
고 인지 능력이 발달하는 시기가 바로 전조작기부터 구체적 조작기
까지입니다. 그 이유는 이 시기에 언어능력을 담당하는 측두엽과 인
간이 총체적 판단을 내리는 핵심 부위인 전두엽이 발달하기 때문입
니다.

먼저 전조작기를 살펴볼까요?. 전조작기는 2~7세의 아이에 해당

하는 때로(단, 여기서 말하는 연령은 신체적 연령이 아닌 정신 연령을 가리킵니다), 뇌의 발달 측면에서 보면 측두엽과 후두엽이 가장 활발하게 발달하는 시기입니다. 측두엽은 청각 정보와 언어능력을 담당하는 부위입니다. 그래서 전조작기에 얼마나 풍부한 국어 활동을 했는지가 앞으로의 언어능력을 크게 좌우하게 됩니다.

유아동기 엄마의 동화책 읽어주기가 중요하다는 건 다 아실 겁니다. 이 국어 활동은 아이에게 부모와 감정을 나눔으로써 심리적 안정만 주는 게 아닙니다. 아직은 제대로 읽을 수 없더라도 글자의 모양을 보면서 문자에 익숙해질 수 있습니다. 또 엄마가 나비가 그려진 책을 손으로 짚으며 '나비'라고 소리 내어 읽어주면 아이는 그림과 엄마의 말을 연결지어 나비의 생김새와 단어를 기억해 어휘력을 쌓게 됩니다.

다음으로 구체적 조작기는 6~12세까지, 일반적으로 아이가 초등학교에 입학해 졸업하기까지의 시기입니다. 이때는 '생각하는 뇌'라고 불리는 전두엽과 전두엽 중에서도 가장 앞부분에 있는 전전두엽이 활발하게 발달합니다. 아이의 평생 지능 수준을 결정하다시피 하는 게 바로 이 전두엽과 전전두엽의 발달 정도입니다. 인지력, 사고력, 이해력, 논리력, 추론 등 공부를 하는 데 매우 중요한 기능을 담당하기 때문입니다.

구체적 조작기 아이들은 이제 조금씩 체계적인 사고가 가능합니다. 전조작기 유아는 시계를 보고 시간이라는 추상적 개념보다는 시곗바늘이라는 실체에 집중한다면, 구체적 조작기에 들어선 아이들은 '시곗바늘이 가리키는 게 6시이고 6시라면 지금은 오전(또는 오후)이다'를 생각해 말할 수 있는 것이죠. 그래서 구체적 조작기에서 국어 실력이 눈에 띄게 성장합니다.

따라서 전조작기에 국어 활동으로 언어능력이 발달한 아이는 구체적 조작기에 넘어와 단단한 뿌리를 내릴 수 있습니다. 나아가 구체적 조작기에 국어 활동을 활발히 이어간 아이들은 형식적 조작기로 넘어가서는 정보가 없어도 단서를 조합해 결론을 이끌어내는 추리력을 발달시킬 수 있습니다.

저는 제 책 『아이의 공부지능』에서 적기 교육의 중요성을 강조한 바 있습니다. 다른 아이들보다 빨리 시작하는 조기 교육보다는, 아이의 정신 연령과 그 나이대 인지발달에 맞춘 적기 교육이 아이들을 보다 행복하고 올바르게 교육할 수 있습니다. 그런 의미에서 두뇌가 폭발적으로 성장하는 유아기, 초등기, 청소년기에 이루어지는 체계적인 국어 활동은 그 무엇보다 중요합니다. 평생의 사고력을 키우는 시기를 놓치지 않도록 해야 합니다.

국어 어휘는 지식의 주춧돌

✳

　국어는 언어입니다. 언어에 의해 우리 인간은 의사소통을 하면서 더불어 살아가지요. 그렇기에 우리는 국어를 과목으로 이해하기에 앞서 '언어'라는 관점에서 먼저 살펴볼 필요가 있습니다.

　언어는 인간만이 가진 문화이자 고차원적인 표현 수단입니다. 사회를 이루고, 질서를 유지하며 문화를 향유하는 것도 인간에게 언어가 있기 때문이고 민족이나 국가도 언어에 의해서 정해지고 통솔되지요. 지금껏 인간이 이룬 문화적 업적은 언어의 강력한 힘으로 가능했다고 해도 과언이 아닐겁니다. 인류의 역사, 과학, 학문, 예술 역시 언어에 의해서 유지되고 발전할 수 있었습니다. 철학자 비트겐슈타인은 '말할 수 없는 것은 침묵해야 한다', '내 언어의 한계가 내 세계의 한계다'라고 말했습니다. 즉, 언어능력이 없으면 사고하고 표현하는 데 한계가 있다는 말입니다.

　교육심리학에서 언어가 인지와 사고를 결정한다는 이론적 관점을 '언어결정론'이라고 합니다. 미국의 언어학자 에드워드 사피어에 의해 연구된 이론이지요. 이 이론에 따르면, 서로 다른 언어를 사용하는 사람은 현상을 이해하고 문제를 파악하는 방식이 다릅니다. 그리고 어떤 언어를 쓰느냐에 따라 세상을 바라보고 사유하고 지식을 정리하는 관점이 달라지지요.

스탠퍼드대학교의 리라 보로딧츠키 인지과학 교수의 강연 내용에 따르면, 세상의 여러 소수민족 가운데 어떤 부족은 수를 지칭하는 언어가 매우 적다고 합니다. 그들에게는 7까지 세는 말이 있지만 그다음부터는 셀 수 있는 수사가 없지요. 만일 그 부족의 사람이 10개의 사과가 담긴 바구니를 본다면 어떻게 인지할까요? 자신이 셀수 있는 7개를 넘어간 순간부터 그 바구니는 그저 '많은 사과가 담긴' 바구니로 인식될 뿐입니다. 이 부족은 정확한 양을 셀 능력이 적고, 우리가 배우는 수학은 아예 익히기 어려울 겁니다.

이 예를 우리 아이에게 접목해보면, 아찔해집니다. 우리 아이의 국어 어휘력이 조금 부족하여 1000 다음의 수를 잘 세지 못한다면, 수학 시간에 연산을 하면서 얼마나 고달플까요. 수학뿐만이 아닙니다. 학교에서 동시를 배우다 '너울너울'이라는 시어가 나왔는데, '너울너울'이 무엇을 표현하는지 모른다면 머릿속에 그림을 그려내기가 어려울 것입니다. 그 아름답고 예쁜 시를 온전히 즐기지도 못하고요.

이처럼 국어 어휘는 지식을 습득하는 데 주춧돌이 되며, 세상을 바라보는 시야의 폭을 결정합니다. 그리고 우리 아이들이 앞으로 살아갈 날들엔 또 얼마나 많은 어휘가 생겨나겠습니까. 영어만 해도 서기 1000년까지 대략 4만 단어였지만, 현재는 50만 개를 훌쩍 넘었다고 하지요. 세기가 바뀔 때마다 평균 4만 6000개의 단어가 늘어난 것입니다.

앞으로도 새로운 지식과 기술은 언어의 기반에서 생성되고 전해질 겁니다. 아이가 평생을 살아가며 접할 언어도 계속해서 바뀌어나갈 것이고요. 아이의 머리에 국어가 튼튼히 뿌리내리면 그 어떤 혁명적 지식 변화를 만난다 하더라도, 이해하고 향유할 수 있습니다.

국어가 지적 호기심을 자극한다

✳

공부를 잘한다는 것은 어떤 의미일까요? 모든 과목의 수업 내용을 잘 이해하며 학교 성적이 늘 상위권을 차지하고, 결국 원하는 대학에 입학하는 것이겠지요. 이것은 '풍부한 지적 호기심'이 있을 때 가능합니다.

과학자를 꿈꾸며 열심히 공부 중인 중학교 2학년 민경이는 어릴 때부터 가정에서 체계적으로 국어를 공부했습니다. 특히나 민경이 어머니는 민경이가 초등학교에 들어가기 전, 최대한 어휘가 풍부해지도록 많은 노력을 하셨죠. 예를 들어, 색을 표현하는 우리말도 단순히 '빨주노초파남보' 정도로만 알려주지 않고 '푸르다, 시퍼렇다, 새파랗다' 등 층위의 표현을 가르쳐주셨습니다.

민경이가 초등학교 2학년이던 어느 날, 엄마와 길을 걷다가 하늘을 뚫어져라 쳐다보더니 이렇게 물었습니다.

"엄마, 하늘은 왜 옅은 파란색이야? 나는 빨간색이 좋은데 항상 파랗거나 검잖아."

문득 머리 위의 하늘이, 그 수많은 색깔들 중에서 왜 옅은 파란색과 까만색을 띠는지 궁금해진 거죠. 이때 민경이 어머니는 '나중에 중학교 가면 배워'라고 하는 대신, 민경이를 데리고 도서관에 갔습니다. 그리고 도서관에서 하늘에 대해 설명해놓은 학습만화와 과학책들을 여러 권 찾아 같이 읽었다고 합니다.

물론 민경이는 하늘이 파란 이유가 빛의 산란작용 때문이라는 설명을 전부 다 이해하지는 못했습니다. 모르는 단어가 많았거든요. 그러나 민경이는 포기하지 않고 이번엔 궁금한 단어들을 사전에서 찾아보기 시작합니다. 단어의 뜻을 알면 문장의 뜻이 이해되고, 문장의 뜻을 전부 알면 하늘이 파란 이유까지 알 수 있다는 지적 호기심 덕분에 계속 파고들 수 있던 거지요. 결국 민경이는 하늘이 파란 이유를 이해하게 되었을 뿐만 아니라 자신이 좋아하는 빨간색의 하늘(노을)도 있음을 깨닫고는 노을이 지는 현상을 관찰하기도 했습니다.

민경이처럼 무언가를 궁금해하고, 이 궁금증을 해소하는 과정은 공부의 원리와 같습니다. 공부란 모르던 것을 채워가는 과정이거든요. 선생님이 수업 시간에 영어로 '웃다'를 'laugh'라고 가르쳐주면,

그러면 '울다'는 뭐라고 하는지, '화내다'는 뭐라고 하는지 계속해서 궁금해하겠지요.

지식은 바라만 본다고 머릿속에 들어오지 않습니다. 뜻과 원리가 뭔지 궁금해하고 적극적으로 다가가 흡수해야 합니다. 그리고 이런 지적 호기심을 늘리는 가장 좋은 방법은 바로 국어 활동입니다.

흔히 국어를 잘하면 사고력이 높아지고, 논리력이 발달하며, 추론 능력이 생긴다고 합니다. 왜 이런 이야기가 나오는지, 그 이유를 국어의 힘과 지적 호기심의 상관관계에서 찾을 수 있습니다. 국어 실력이 튼튼해질수록 호기심은 왕성해지고 이러한 호기심을 통해 여러 분야를 관찰하고 배우며 아이의 사고력, 논리력, 추론 능력은 당연히 발달하게 될 테니까요.

새로운 지식을 향한 호기심의 문이 손가락 한 마디만큼 열려 있다면 문 너머의 지식을 살짝 엿볼 수밖에 없습니다. 하지만 호기심의 문이 활짝 열리면 아이는 더 많은 걸 보게 되고 결국 문을 넘어 지식의 세계로 걸어 나갈 수 있습니다. 지적 호기심의 문을 여는 열쇠, 그건 국어가 쥐고 있습니다.

흔들리지 않는
공부 실력을 지닌
아이들의 비밀

2부

국어 뿌리를 내리는 8가지 습관

하나,

올바르게 읽는다

올바르게 읽어야 올바르게 이해한다

❄

초등학교 3학년 민규의 어머니는 저를 붙잡고 아주 심각한 얼굴로 말씀하셨습니다.

"학원 선생님이 그러는데, 우리 민규가 글을 못 읽는대요. 어떻게 초등학교 3학년이 글을 못 읽을 수 있나요? 이러다 학업에 뒤처질까 봐 너무 걱정돼요."

읽기는 모든 학습의 가장 첫 번째 단계지요. 그런 읽기가 안 된다고 하니, 저 역시 놀랐습니다. 하지만 학원 선생님이 그렇게 말한 데는 분명 이유가 있을 테지요.

"민규야, 우리 이 글을 함께 읽어볼까?"

민규에게 초등 3학년용 국어 교과서의 한 페이지를 펼쳐주었습니다. 그 나이대 아이라면 무난히 읽을 수 있는 수준으로, 교재의 반 페이지 정도 되는 글이었지요. 민규는 교재를 받아 들고 천천히 글을 읽어 내려갔습니다. 저는 가만히 경청했습니다.

들어보니, 민규는 글자를 아예 모르지 않았습니다. 주어진 글을 다 읽는 데 시간이 엄청나게 걸린 것도 아니었고요. 오히려 조금 빠르다 싶을 정도로 글을 읽었습니다. 함께 자리에 있던 민규 어머니도 막상 민규가 글을 읽어내자, 학원 선생님이 괜히 겁을 준 건지 긴가민가해하는 얼굴이었지요.

하지만 분명 민규의 읽기에는 문제가 있었습니다. 민규는 글을 읽는 것이 아니고 글자를 읽고 있었습니다. 문장에서 끊어 읽어야 하는 곳을 끊어 읽지 못했고 발음을 정확하게 하지 못하는 경우도 몇 군데 있었습니다.

"어머니, 민규는 지금 올바른 읽기가 안 되고 있어요."

"올바른 읽기요? 그게 뭐죠? 민규가 글자를 못 읽어서 더듬대는 건 없는 것 같은데요….”

"글자는 읽지만 그 안에 담긴 내용은 이해하지 못하고 있어요. 그리고 소리 내어 읽을 때도 잘 끊어 읽지 못하고, 원래 문장과 다르게 읽습니다. 이렇게 잘못 읽으면 결국엔 올바른 독해까지도 못 할 가능성이 높아요."

제 말에 민규 어머니는 아! 하고 이해하셨습니다.

저는 민규에게 물었습니다.

"민규야, 방금 읽은 글의 내용을 한번 요약해보겠니? 틀려도 괜찮으니 네가 읽고 아는 대로만 말해봐."

하지만 민규는 몇 분을 뜸 들이며 제 질문에 답을 하지 못했습니다. 계속해서 "…어어" 하며 말머리를 끌다가 글에 나온 인물 몇 명을 언급할 뿐, 일목요연하게 설명하지 못했죠. 민규는 글자를 읽었기 때문에 글에 담긴 내용을 파악하는 건 잘 해내지 못한 것입니다.

'읽기'는 몇 문장으로 이루어진 짧은 글을 읽든, 페이지를 넘어갈 정도의 긴 글을 읽든, 그 이야기 안에 어떤 의미가 담겨 있는지를 파악하는 것입니다. 이 읽기는 공부의 핵심입니다. 글을 읽고 이해하는 독해력이 국어를 비롯한 다른 과목 공부는 물론이고, 우리가 평생 만나는 모든 문항들에 대처하는 가장 강력한 무기가 되지요. 그러니까 독해력이 공부의 뿌리가 되는 셈입니다.

그런데 대부분의 부모님께서는 아이들이 책을 읽으며 내용을 잘 파악하고 있는지 알아채기는 쉽지 않습니다. 일상적인 대화를 할 때는 독해력 수준을 판가름하기 어렵기 때문이지요. 옆에 앉아 같은 책을 읽어보지 않는 한, 민규 어머니처럼 우리 아이가 그냥 책을 읽는 것 같아 보여 방관하다가 뒤늦게야 독해 문제를 발견하게 됩니다.

따라서 아이와 책 읽는 시간을 하루 10분이라도 꾸준히 가져보는 게 중요합니다. 정확한 발음으로 끊어 읽으며, 읽고 난 뒤에는 내용을 이해하며 읽었는지 질문을 던져 확인한다면 자녀의 독해력 수준이 어디쯤 와 있는지 가늠하실 수 있을 겁니다.

학생들에게 같은 책을 읽게 한 뒤 내용에 관해 물어보면 대답이 정말 다양하게 돌아옵니다. 한 학생은 '재미있었어요.'라고 자기 감상만 단편적으로 말하는 반면, 어떤 학생은 '누가 이렇게 했어요.'라고 간단하게 답하고, 또 어떤 학생은 '누가 언제 어디에서 이렇게 했는데 그게 어떻게 되고 그래서 무엇을….'과 같이 일목요연하게 정리해서 이야기하지요. 같은 책을 읽었더라도 이들이 모두 똑같은 책 읽기 활동을 했다고 말할 수 없습니다.

책 읽기를 강조했던 다산 정약용 선생은 『다산문선』에서 자식들에게 보내는 편지를 통해 "책을 아무리 많이 읽어도 이해하지 못한다면 그것은 독서한 것이 아니다."라고 강조했습니다. 즉, 눈으로만 보고 끝나는 것은 진정한 책 읽기라고 할 수 없으며, 무조건 많이 읽는 게 중요한 것이 아니라 어떻게 읽을 것인가가 중요하다는 말입니다.

저는 함께 책을 읽지만 각자 얻어 간다고 말하고 싶습니다. 같은 책을 읽어도 누군가는 별 느낌이 없지만 또 누군가는 더 넓은 지식의 세계로 뻗어나갑니다. 올바르게 읽었을 때 아이의 읽기 그릇은 커집니다.

올바르게 읽기의 3요소

❄

올바르게 읽기에는 세 가지 요소가 있습니다. 정확한 발음으로 읽기, 끊어 읽기, 분석하며 읽기입니다.

첫째, 정확한 발음으로 글을 읽는 건 우리말 문법을 자연스럽게 터득하는 가장 좋은 방법입니다. 평소 TV 뉴스를 보면서 아나운서가 '권리(權利)'라는 단어를 유음화하여 [궐리]라고 발음하는 걸 잘 들은 아이는 나중에 학교에서 유음화 현상을 배울 때 자연스럽게 이해하게 됩니다. 그러나 올바른 발음은 모른 채 [권니], [궐니] 등으로 잘못 발음하던 아이라면 발음을 새로 외워야 하지요. 또 같은 ㅌ 받침이지만 뒤에 오는 조사에 따라 '밭이[바치]'와 '밭에[바테]'로 발음이 달라지는 현상 역시 평소 엄마와 책을 읽을 때 올바로 발음했다면 굳이 공부하지 않아도 됩니다. 맞춤법에 맞는 올바르고 정확한 발음이 일상에서 체화되기 때문이지요. 이러한 이유로 부모님이 평소 생활 속에서 정확한 발음으로 읽기를 확인하고 고쳐주셔야 합니다.

둘째, 정확한 끊어 읽기란 글을 읽으며 흐름에 맞는 부분에서 끊어 읽는 것을 뜻합니다. 앞서 정확한 발음으로 읽기가 문법 실력을 쌓는 요소였다면, 정확한 끊어 읽기와 분석하며 읽기는 독해력을 기르는 요소입니다.

초등학생에게 소리 내어 책 읽기를 시키면 놀라운 일이 벌어집니다. 중구난방으로, 자기가 쉬어 읽고 싶을 때 읽기를 끊기 때문입니다. 우리가 우스갯소리로 말하는 '아버지/가방에/들어가신다'의 상황이 이따금 일어나는 겁니다. 이게 정말이냐고요? 네, 현실입니다.

책을 꼼꼼히 읽지 않고 눈으로만 훑다 보니 대충 몇 단어를 찾아서 읽는 것이 습관이 되어서 나타난 현상입니다. 이렇게 읽으면 읽고 넘긴 쪽수가 많아져도 머릿속에 남는 것은 없지요. 그야말로 주마간산(走馬看山)입니다. 그런데도 엄마들은 아이가 수십 권, 수백 권을 읽었다며 흐뭇해합니다. 하지만 이렇게 책을 읽어온 아이는 끊어 읽기를 잘 못하다 보니 말하기에도 어려움을 겪습니다. 문장을 제대로 끊어 읽지 못하니 말할 때도 어느 부분에서 끊어 가며 말해야 할지를 모르겠지요. 이처럼 정확한 끊어 읽기는 자연스러운 말하기로도 이어집니다.

마지막으로, 올바른 읽기의 종착지는 독해입니다. 이때 앞서 터득

했던 올바르게 읽기의 두 요소가 분석하며 읽기의 발판이 됩니다. 정확하게 발음하고 끊어 읽는 것도 해당 문장이 말하고자 하는 바를 명확히 알기 위함이니까요. 따라서 글을 읽으며 문단의 핵심 내용을 간추리고 전체 내용을 요약하는 연습을 해야 합니다. 이때 아이의 느낌보다는 논리 순서나 시간 순서대로 천천히 말해보게 하는 것이 핵심입니다. 이 과정이 반복되면 긴 글을 읽을 때 핵심 문장을 찾고 주제를 파악하는 능력, 즉 독해력이 발달합니다.

학부모님께서는 평소 아이와 대화할 때나 책을 함께 읽을 때 올바르게 읽기의 3요소를 기억하고 실천해주세요. 일상생활에서 올바르게 읽기가 체화되어야 아이의 국어 뿌리가 튼튼해집니다.

아이의 국어 체력을 높이는 올바르게 읽기 수칙

❶ 일상 대화에서도 정확한 발음으로 말한다.
❷ 발음이 정확한 아나운서가 진행하는 프로그램을 보여준다.
❸ 아이와 책을 읽을 때는 정확한 지점에서 끊어 읽는다.
❹ 아이가 끊어 읽기를 어려워할 때는 끊어야 하는 지점에 표시해준다.
❺ 국어 활동 후에는 질문을 던져 아이가 글의 내용을 분석적으로 파악하고 이해했는지 확인한다.

둘,

올바르게 쓴다

손 글씨 쓰기는
두뇌 발달에 자극을 준다

❄

글씨를 잘 쓰면 지능이 좋아집니다. 지능은 언어성을 관장하는 좌뇌와 동작성을 관장하는 우뇌로 이루어져 있습니다. 글을 읽을 때는 좌뇌만 사용하지만 쓸 때는 좌뇌와 우뇌를 동시에 사용하지요. 눈으로 보고 머리로 생각하며 소근육을 이용하여 정확하고 빠르게 글을 적는 것을 시지각 협응 운동이라고 하는데, 이는 곧 두뇌가 균형 있게 발달하는 데 중요한 요소입니다. 읽는 활동만 하고 쓰는 활동을 게을리하거나, 글씨를 엉망으로 쓰거나 너무 느리게 쓰는 것은 우뇌의 발달에 좋지 않습니다. 우뇌의 발달 없이 좌뇌만 발달하면 이해는 하는데 표현은 잘 못하거나 사고력은 좋은데 처리 속도가 느린 것처럼 좌우뇌 불균형으로 인한 문제가 발생할 수도 있습니다. 또박또박 글자를 쓰는 과정에서 우리 아이들은 정말 많은 이득을 챙길 수 있습니다.

미국 인디애나대학교 카린 제임스 박사는 읽기, 쓰기와 뇌의 활동에 관한 연구를 진행했습니다. 제임스 박사는 읽기와 쓰기를 배우지 않은 어린이들을 세 그룹으로 나누어, 각 그룹에 글자와 도형을 보여주고 자신이 본 이미지를 점선을 따라가며 그리거나 백지에 그리거나, 키보드를 이용해 컴퓨터에 입력하도록 했습니다. 그 결과, 손으로 그린 아이들은 읽기와 쓰기를 할 때 활성화되는 뇌의 세 영역이 모두 활발히 움직이는 것으로 나타난 반면, 나머지 두 그룹에서는 이런 효과가 나타나지 않았으며 뇌의 활동도 현저히 떨어졌습니다.

이 연구 외에도 아이의 학습, 두뇌 발달과 관련된 수많은 연구 결과가 있습니다. 2014년 미국의 대표 일간지인 《뉴욕타임스》는 프랑스의 국립 고등 교육 기관인 콜레주 드 프랑스의 스태니슬라스 디아인의 말을 인용하여, "글을 쓰면 자동적으로 작동하는 특별한 신경

회로가 있으며 이 덕분에 배움이 더 쉬워진다"라고 전했습니다.

또 워싱턴대학교의 버지니아 버닝거 박사는 9세 이상을 대상으로 프린트하기, 영어 필기체 쓰기, 자판 치기를 실시했습니다. 그리고 이들의 뇌 활동 패턴을 검사했는데, 손 글씨를 쓰는 아이들은 그렇지 않은 아이들보다 더 많은 단어를 더 빠른 속도로 생각했을 뿐 아니라 더 많은 생각을 표현하는 것으로 나타났습니다. 그만큼 아이가 직접 글씨를 쓰는 것 자체가 공부이고 두뇌 발달에 도움이 됩니다.

그리고 한 가지 더, 쓰기를 하면 정서지능도 올라갑니다. 생각해 보세요. 아직 손 근육도 덜 발달하고 손가락 힘도 약한 아이가 연필을 쥐고 글씨를 한 자 한 자 쓴다는 것은, 어찌 보면 아이에겐 커다란 도전입니다. 손도 아프고, 몸을 움직이면 글씨가 흐트러지니 자세도 바르게 유지해야 합니다. 이런 귀찮고 고된 작업을 인내하면서 아이는 참을성을 배웁니다. 글씨가 칸 밖으로 삐져 나가지 않게 노력하면 집중력도 올라가지요. 행동이 산만하고 주의력이 부족한 ADHD를 지닌 아이들에게 글씨를 예쁘게 쓰도록 권장하는 이유도 바로 여기에 있습니다.

올바르게 쓰기의 3단계

✳

초등학교 저학년 때까지는 글씨 쓰기를 싫어하거나 글씨를 잘 못 쓰더라도 화내며 다그치기보다는 곁에서 차근차근 방법을 알려주면서 지도하는 것이 효과적입니다.

초등학교 고학년부터는 또래와의 경쟁이나 인정, 성취감 등에 많은 영향을 받지만, 유아기나 초등학교 저학년 아이들에게는 역효과를 불러옵니다. 이 시기의 아이들은 엄마가 좋아하는 행동을 더 하려는 성향이 있기에 원하지 않는데도 과몰입하기 때문입니다. 반대로, 어떤 행동이나 결과를 보고 엄마가 화내거나 걱정한다면 그 행동을 더 하기보다 회피하려는 성향이 있습니다. 이러한 모습은 수학 연산이나 암기, 글쓰기 등을 지도할 때 자주 나타나지요. 그러니 유아기나 초등 저학년 아이들에게 올바른 쓰기 습관을 들이려고 억지로 책상 앞에 앉혀 연필을 쥐여주지 마세요. 아이가 방법을 몰라서 잘 못 쓰는 경우도 많기 때문에 방법을 알려주면서 격려하는 방식이 더 효과적입니다.

올바르게 쓰기의 1단계는 획순에 맞게 적당한 크기로 보기 좋게 쓰는 것입니다. 글씨는 획순에 따라 써야 빠르고 보기 좋게 쓸 수 있습니다. 글을 빠르고 보기 좋게 쓰다 보면 쓰기가 재미있어지고 국어 공부에 대한 애정이 생기게 되지요. 쓰기는 스스로의 힘으로 무언가를 만들어내는 일입니다. 아이는 자기가 홀로 만들어낸 결과물에 힘을 얻어 더욱더 공부에 흥미를 느끼고 집중할 수 있습니다.

2단계는 어느 정도 글씨 쓰기에 익숙해진 다음 본격적으로 한글맞춤법에 따라 쓰기를 하는 과정입니다. 국어는 초등학생 때부터 정교성 교육을 시작해야 합니다. 이 점이 영어와는 다른 부분이지요. 영어를 비롯한 외국어를 처음 배울 때, 정교성을 키우고자 처음부터 철자를 계속 지적하면 흥미를 잃게 됩니다. 어른들도 정확한 철자법이나 문법에 얽매이다가 결국 '영어 울렁증'이라는 신종 병에 걸리기도 하지요. 아직 익숙하지도 않은데 정교하게 구사하라는 건 그 자체로 공포감을 줍니다. 이처럼 외국어를 공부하는 초반에는 정교성보다 유창성이 중요합니다. 다소 틀리더라도 계속 외국어를 말하고 쓰게 하여 자신감을 지니도록 해야 합니다.

그러나 국어는 다릅니다. 태어나서 학교에 들어가기 전까지 가정이나 또래 집단에서 국어는 충분히 유창성 훈련을 받았습니다. 따라서 학교에 들어간 순간부터는 정확하게 사용하는 연습이 필요합니다. 정확한 문법에 맞게 받아쓰기를 공부하고 단 한 문장을 쓰더라도 띄어쓰기까지 철저히 지키도록 노력해야 합니다. 이렇게 초등학교 1학년 때부터 맞춤법에 맞게 써 나가면 중학교 이후의 국어 내신이나 수능에서의 문법 실력을 자연스럽게 기르는 효과가 있습니다. 생활 속에서 국어가 완성되어가는 것이지요.

3단계는 한글맞춤법에 맞춰 정확한 띄어쓰기를 하는 과정입니다. 띄어쓰기는 맞춤법에 속합니다. 즉, 우리말 문법이지요. 그러나 우리말에서 띄어쓰기는 여간 까다로운 것이 아닙니다. 같은 단어도 그것이 조사인지 명사인지에 따라 띄어쓰기를 달리해야 하는 경우가 허다하지요. 그래서 초등학교 때부터 정확히 띄어 쓰는 연습을 해야 합니다. 왜 조사는 붙이고 명사는 띄는지 국어학적 원리를 알라는 게 아닙니다. 직접 글씨를 쓰고 손으로 익히면서 문장 안에서 단어의 올바른 띄어쓰기 방법을 체화하는 연습을 해야 합니다.

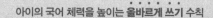
아이의 국어 체력을 높이는 **올바르게 쓰기** 수칙
❶ 스마트폰이나 키보드로 쓰기보다는 연필로 직접 쓰게 한다.
❷ 글씨는 획순에 맞게, 정확한 필체로 쓰게 한다.
❸ 한글맞춤법에 어긋나는 쓰기는 교정해주어 정확하게 쓰게 한다.

셋,

올바르게 말한다

일상 대화부터 올바르게 하기

❊

저희 연구소에는 수업 시간에 발표를 아주 잘하는 학생이 있습니다. 초등학교 5학년 종현이인데요. 종현이는 발표할 때마다 정확한 발음으로 또박또박 말해서 유독 눈에 띄었습니다. 어쩜 저렇게 발음도 좋고, 문장도 완전하고, 자기 뜻도 정확하게 전달하는지 궁금해질 정도였죠.

하루는 종현이 어머니께서 연구소에 오셨습니다. 종현이가 잘 공부하고 있는지 간단한 상담을 하려고 오셨지요. 그런데 저는 종현이 어머니와 몇 마디를 나누고 나니 왜 종현이가 그렇게 말을 잘하고 발표도 훌륭하게 하는지를 이해했습니다. 종현이 어머니의 말씀 수준이 매우 높았기 때문이지요. 발음도 정말 정확했고, 말하기 속도며 문장력 또한 나무랄 데가 없었습니다.

제가 연구소에서 종현이의 구술 실력이 얼마나 월등한지를 말씀드리자, 종현이 어머니는 이렇게 말씀하셨습니다.

"저는 가정에서의 언어교육이 매우 중요하다고 생각했어요. 종현이가 태어나 가장 먼저 대화하는 상대가 엄마 아빠잖아요. 우리와 어떻게 대화하느냐가 종현이의 언어 실력을 기른다고 보았죠. 그래서 종현이에게 이야기할 때는 물론이고 아이 아빠, 주변 사람들 심지어는 물건을 사러 가게에 가서도 옳은 말을 쓰려고 노력했어요. 책을 읽어줄 땐 발음이나 문장 간격에도 신경을 썼죠. 종현이가 말을 바르게 한다니 정말 기쁘네요."

실제로 종현이와 종현이 어머니가 대화하는 장면을 관찰해보았더니, 어머니께서 정확한 발음으로 종현이에게 말씀하셨고, 종현이는 그 발음을 듣고 따라 했습니다. 또한, 어머니께서 될 수 있는 대로 완전한 문장으로 아이에게 말했기에 종현이도 줄임 형태의 말이 아닌 완전한 문장으로 대화했지요.

매일 듣는 엄마의 말하기 습관이 정확하면, 아이도 올바르게 말하는 것이 당연합니다. 말을 올바르게 구사하니까 학교 수업 시간에도 자주 학급 대표로 책 읽기를 하고, 발표할 기회도 더 많이 생겼습니다. 그만큼 국어 실력이 자연스럽게 더 향상되었고, 리더십과 자신감도 상승하게 되었지요.

올바르게 말하기의 3요소

❋

올바르게 말하기를 완성하는 요소에는 세 가지가 있습니다. 완전한 문장으로 말하기, 경청한 뒤 말하기, 올바른 높임 표현 사용하기입니다. 평소 대화에서 이 세 요소가 자연스러운 언어 습관으로 자리잡도록 해야 합니다.

첫째, 올바르게 말하기는 완전한 문장으로 말하는 것부터 시작합니다. 초등 저학년 아이들은 말할 때 완전한 문장으로 생각한 뒤 말하기보다 주어나 서술어를 생략하고 비언어적인 요소를 활용하여 의사를 전달합니다. 가까운 사이에서는 서로 잘 이해하는 상황이 많아서 구태여 완전한 문장으로 표현하지 않아도 소통에 문제가 없습니다.

그러나 일상생활에서 불완전한 문장을 쓰는 습관은 국어 실력을 키우는 데는 안 좋은 영향을 미칩니다. 무엇보다 말하기는 다른 사람과의 상호작용에 필요한 기초적인 의사소통 도구입니다. 상대가 내 의견을 제대로 이해할 수 있도록 분명한 뜻을 전달해야겠지요. 그 첫걸음은 완전한 문장으로 말하기입니다. 완전한 문장으로 말하지 않으면 대화 상대가 말뜻을 오해할 수 있습니다.

따라서 먼저 학부모님들께서 평소 아이에게 완전한 문장으로 말씀해주세요. 영어를 공부하고 익힐 때처럼 우리말도 완전한 문장으로 쓰는 습관을 기르도록 지도해주세요. 이는 곧 표준어와 맞춤법에 맞는 언어 습관을 만드는 데까지 이어져 학교의 말하기 수행평가에서도 좋은 결과를 가져옵니다.

둘째, 경청한 뒤 말하는 습관을 지녀야 합니다. 상대의 말을 적극적이고 능동적으로 듣고 상대의 의사를 파악한 뒤에 대답하는 일은 독해력을 키웁니다. 평소 경청하는 태도를 통해 자연스레 독해 연습을 하는 거지요. 청취 습관이 없으면 국어 시험에서 작가의 의도나 심상을 묻는 문제를 어렵다고 느끼게 됩니다. 그뿐만 아니라 수업 시간에 선생님이 하는 말도 완벽히 이해를 못 하다 보니 성적도 좋을 리가 없습니다.

경청하는 습관은 정서지능과도 연관이 깊습니다. 상대가 말하고 있는데 말허리를 자르며 "그거 아닌데요." 하는 사람을 우리는 인성이 좋다고 생각하지 않습니다. 경청은 단순히 말을 듣기만 하는 것이 아니라, 상대가 전달하고자 하는 말의 내용과 그 안에 담긴 의미를 이해하는 태도입니다. 이는 곧 상대를 향한 배려의 태도라고 할 수 있지요. 그러니 아이를 배려심 많고 인격적으로 성숙한 아이로 자라게 하려면, 경청의 습관을 꼭 길러주어야 합니다.

셋째, 올바르게 말하기의 완성은 올바른 높임 표현의 사용입니다. 우리말에서 웃어른에 대한 높임 표현이 다양한 것은 예의 바른 언어생활을 하는 아름다운 전통이지만 그 방법이 까다로운 것도 현실입니다. 그래서 높임 표현만큼은 평소 언어생활에서 의식하며 사용하는 습관이 필요합니다. 또한 학습 태도에 생각보다 큰 영향을 끼치는 것이 부모님께 높임 표현을 잘하는가 여부입니다. 부모님께 존댓말을 쓸 줄 아는 아이가 윗사람의 지도를 잘 이해하고 받아들입니다. 당연히 바른 성정을 갖게 될 가능성이 크지요.

게다가 높임 표현은 시험에 자주 출제되는 영역이니 더욱 잘 익혀두어야 합니다. 121쪽에 제시된 문항은 2015학년도 모의고사 기출문제입니다.

이 문제는 평소 접했을 법한 일상적인 대화 상황으로 구성되어 있습니다. 나와 대화하는 사람, 그리고 대화 속에 등장하는 사람 셋 사이의 관계에 따라 높임 표현이 달라지지요. 평상시 대화에서 주체와 객체의 의미를 이해하고 누구를 높여야 하는지 의식해서 말하는 아이는 쉽게 풀 수 있는 문제입니다.

아이의 인성과 성적을 동시에 잡기 위해서 평소 생활 속에서 높임

13. 〈보기〉의 ㉠~㉤에 대한 설명으로 적절하지 않은 것은?

〔보기〕--

영희: 경준아, 선생님께서 다음 국어 시간에 있을 모둠 과제 발표는 네가 주도 해서 ㉠준비하시라고 하셔.

경준: 시인 소개 모둠 과제 말이지?

영희: 응.

경준: 그런데 어떤 시인을 주제로 발표하는 게 좋을지에 대해서도 말씀 ㉡있 으셨니?

영희: 아니. 그건 시간이 날 때 네가 직접 선생님께 ㉢물어서 알아봐.

경준: 아무래도 그래야겠어.

영희: 그런데 선생님께서 저번 수업 시간에 김소월의 시가 ㉣자기의 애송시라 고 ㉤말했잖아. 김소월은 우리나라 사람들이 좋아하는 시인이기도 하니 까 김소월의 시 세계를 주제로 하여 발표해보는 건 어때?

----

❶ ㉠: 주체가 '경준'이므로 '준비하라고'로 바꿔 말해야 한다.

☑ ❷ ㉡: 주어가 '말씀'이므로 '있었니'로 바꿔 말해야 한다.

❸ ㉢: 윗사람인 '선생님'께 묻는 것이므로 '여쭤서'로 바꿔 말해야 한다.

❹ ㉣: '선생님'을 높이는 것이므로 '당신'으로 바꿔 말해야 한다.

❺ ㉤: 주체가 '선생님'이므로 '말씀하셨잖아'로 바꿔 말해야 한다.

표현을 잘 사용해야 합니다.

아이의 국어 체력을 높이는 **올바르게 말하기 수칙**

❶ 일상에서 맞춤법에 따라 정확한 발음으로 대화한다.

❷ 말끝을 흐리지 말고 주어와 서술어 등 꼭 필요한 문장 구성 요소를 넣어 완전한 문장으로 이야기한다.

❸ 아이가 어른에게 틀린 높임 표현을 사용하면 정확하게 교정해준다.

❹ 뉴스나 교육 방송 등 올바르게 말하기의 표본이 되는 영상 콘텐츠를 꾸준히 보며 익힌다.

넷,

배경지식을 쌓는다

배경지식은 공부의 자양분

✳

학창 시절, 저와 한 반이던 아이들은 음악과 미술 시간에 많이들 졸았습니다. 학력고사에 포함되지 않은 과목이었거든요. 다만 저는 반장이었기에 선생님 앞에서 자는 것을 쑥스럽게 생각하여 반쯤은 쉬는 마음으로 수업을 들었습니다. 그런데 이런 학습 태도가 나중에 선물로 돌아왔습니다. 모의고사 영어 독해 지문으로 음악과 미술에 관련된 지문이 나온 겁니다. 미술 시간에 들었던 인상파 화가들 이름을 영어 지문에서 보니까 낯설지 않았습니다. 덕분에 지문을 어렵지 않게 읽을 수 있었습니다. 이렇게 다양하게 쌓은 배경지식은 공부의 든든한 밑천이 됩니다.

수능에 출제되는 비문학 지문의 경우 정치, 사회, 과학, 철학, 예술 등 다루는 분야가 굉장히 광범위합니다. 수험생 대부분이 그 글을 난생처음 보는 경우가 대다수일 정도지요.

125쪽에 제시된 지문은 2020학년도 수능 국어 영역 문항 중 일부입니다. 법학과 경제학이 연계된 내용으로 많은 수험생을 혼란에 빠뜨린 문제입니다.

BIS, 재무건전성, 자기자본, 위험가중자산… 교과목을 공부하느라 신문이나 뉴스를 챙겨 보기 힘든 학생들이 위 지문을 보고 쉽게 이해하기란 벅찬 일입니다. 도통 무슨 말인지 모르는 이야기만 가득합니다. 분명 우리말인데 외국어보다 더 어려운 글이 되지요. 반면, 그동안 틈틈이 경제 기사라도 접했던 학생이라면 예금자, 채무, 협약 등의 전문 용어를 들어봤을 겁니다.

수능에는 어른도 읽기 힘든 지문이 출제됩니다. 간혹 아무런 배경지식이 없고 각 용어의 뜻을 모른다 해도 문맥에 따른 흐름을 따라 독해하여 문제를 풀 수도 있습니다. 그러나 이왕이면 단어의 뜻을 알고 있어야 핵심을 더 빠르게 잘 파악할 수 있겠지요.

(전략)

BIS 비율은 은행의 재무 건전성을 유지하는 데 필요한 최소한의 자기자본 비율을 설정하여 궁극적으로 예금자와 금융 시스템을 보호하기 위해 바젤위원회에서 도입한 것이다. 바젤위원회에서는 BIS 비율이 적어도 규제 비율인 8%는 되어야 한다는 기준을 제시하였다. 이에 대한 식은 다음과 같다.

$$\text{BIS 비율(\%)} = \frac{\text{자기자본}}{\text{위험가중자산}} \times 100 \geq 8(\%)$$

여기서 자기자본은 은행의 기본자본, 보완자본 및 단기후순위 채무의 합으로, 위험가중자산은 보유 자산에 각 자산의 신용 위험에 대한 위험 가중치를 곱한 값들의 합으로 구하였다. 위험 가중치는 자산 유형별 신용 위험을 반영하는 것인데, OECD 국가의 국채는 0%, 회사채는 100%가 획일적으로 부여되었다. 이후 금융 자산의 가격 변동에 따른 시장 위험도 반영해야 한다는 요구가 커지자, 바젤위원회는 위험가중자산을 신용 위험에 따른 부분과 시장 위험에 따른 부분의 합으로 새로 정의하여 BIS 비율을 산출하도록 하였다. 신용 위험의 경우와 달리 시장 위험의 측정 방식은 감독 기관의 승인하에 은행의 선택에 따라 사용할 수 있게 하여 '바젤I' 협약이 1996년에 완성되었다.

(하략)

출처: 한국교육과정평가원

입시 때문이 아니더라도 저는 배경지식을 늘리는 것이 아이 인생의 길을 더욱 넓히는 일이라고 생각합니다. 아이가 자유롭게 그림을 그리되, 액자 안에서만 그림을 그리는 게 아니라 액자 밖으로도 붓을 뻗을 수 있게 하자는 겁니다.

조기 진로 교육을 한다고 일찍이 아이의 특성을 파악하여 강점 영역을 집중 개발하자고 주장하는 사람들이 있습니다. 심지어는 초등학교 때부터 과학자가 되고 싶은 아이들은 과학 책을 읽고, 과학 관련 캠프와 같은 체험 활동에 참여하며 이를 생활기록부에 적어놓는 것이 향후 대입에 유리한 것처럼 여겨지는 웃지 못할 일도 벌어집니다.

강점을 초기에 찾아 개발하는 게 잘못된 건 아닙니다. 지능이 상당 부분 개발되고 어느 정도 안정된 중고등학생이라면 합리적인 선택일 수도 있지요. 그러나 몸과 두뇌의 발달이 급속도로 이루어지는 유아기나 초등학생 때는 강점 지능만을 중점적으로 개발하는 것이 한쪽의 지식만 불균형하게 형성하는 결과를 초래할 수도 있습니다. 균형 있는 배경지식은 독해력의 기초체력입니다.

예체능도 마찬가지입니다. 작곡가나 성악가가 되기 위해서 처음부터 작곡하거나 발성 연습을 하는 것보다 피아노와 같은 악기를 다루면서 음악의 기초를 이해하는 게 우선입니다.

배경지식 그물망 넓히기

✳

다양한 책을 읽는 것은 배경지식 확장의 첫걸음입니다. 책은 누군가의 생각을 들여다볼 수 있게 해주고, 타인의 인생을 간접 경험하게 해줍니다. 지금까지 켜켜이 쌓여온 지식을 가장 손쉽게 배울 수도 있지요.

배경지식 확장을 위한 독서는 먼저 넓게 그물망을 펼치듯 시작해야 합니다. 책의 형식을 동화나 학습만화 중 한 분야에만 한정해 편독해서는 안 됩니다. 내용과 사람에 관한 것, 자연에 관한 것, 과학적 상상이나 역사적 사실을 다룬 것 등으로 최대한 넓게 접하게 해주세요. 그래야 한쪽으로 치우치지 않고 균형 있게 지식을 쌓아갈 수 있습니다.

그물망을 넓게 펼쳐서 다양한 분야를 골고루 접한 다음에는 학년이 올라갈수록 펼친 그물의 코를 촘촘하게 짜 들어가야 합니다. 같은 역사책이어도 세계사, 동양사, 우리나라 고대, 중세, 근현대를 점진적으로 접하는 겁니다. 초등학교 고학년 때부터 깊게 파고드는 단계로 생각하고, 접하는 지식의 수준과 범위를 더욱 넓혀주세요. 이때부터 다양한 분야의 지식을 접하면서 아이가 스스로 재미있어하고 관심을 두는 분야가 윤곽을 드러낼 겁니다. 이 과정을 통해 어느 정도 배경지식을 쌓고 화제를 깊게 살펴볼 능력을 갖추었다면, 그다음에 지식의 깊이를 더 깊게, 지식의 양을 더 많이 늘려주세요.

배경지식을 늘리는 데 책이 유일한 방법은 아닙니다. 과거에는 지식을 얻는 거의 유일한 수단이 책이었습니다. 하지만 지금은 인터넷과 TV, 신문 기사, 잡지 등 수많은 미디어를 이용하여 배경지식을 넓힐 수 있습니다.

배경지식 확장의 핵심은 세상의 소식에 관심을 두는 습관에 있습니다. '왜 우리의 삶은 이렇게 돌아갈까?', '왜 저런 사건이 발생했을까?', '저 사람은 왜 그랬을까?'와 같이 아이가 세상사에 관심과 호기심을 지니고 다가갈 수 있도록 해주세요. 그 첫걸음은 당연히 최대한 넓게 보여주고 경험하게 하는 일입니다.

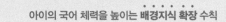

아이의 국어 체력을 높이는 **배경지식 확장 수칙**

❶ 그물망을 넓게 펼쳐놓는 것이 우선이다. 한쪽 지식으로 치우치지 않고 다양하게 읽게 한다.

❷ 초등 저학년은 지식의 씨앗을 뿌리는 시기다. 당장 열매를 맺으라고 닦달하지 않는다.

❸ 책뿐 아니라 다양한 매체의 콘텐츠를 적절히 활용하여 세상의 지식을 흡수하게 한다.

다섯,

정확하게 읽고
요약한다

요약하는 공부로 공부지능이 자란다

✻

저희 연구소에서는 국어 수업 때 정확하게 읽고 문단별로 주제를 찾아 요약하는 활동을 합니다. 이 과정이 아직 익숙하지 않은 아이들에게는 선생님이 주제를 불러주고 여백에 쓰게 하지요. 이 연습을 일 년 정도 하면 웬만한 지문의 핵심을 파악하는 건 아주 자연스러워집니다. 참고서에 적힌 주제문과 비교해도 손색이 없을 정도지요.

이같은 수업을 열심히 받고 있는 4학년 정진이도 처음엔 주제를 찾는 데 어려움을 겪었습니다. 심지어는 제가 주제 문장을 짚어주고 이를 토대로 중점 내용을 요약해보라고 해도 잘하지 못했지요.

"정진아, 이 글에서 글쓴이는 엄마의 집안일을 도와드려야 한다고 말했어. 그 이유로 무엇 무엇을 들었니?"

"어… 집안일을… 잘 모르겠어요."

사실 정진이는 글을 읽는 데 시간이 오래 걸리기도 했습니다. 체계적인 국어 공부를 시작한 지 얼마 되지 않았을 때였거든요. 그래서 저는 정진이에게 연필을 쥐여주고, 글을 소리 내어 읽어보게 했습니다.

"자, 글을 다시 꼼꼼히 읽으면서 살펴보자. 글쓴이가 엄마의 집안일을 도와드려야 한다는 이유로 꼽은 것을 연필로 밑줄 그어봐."

이렇게 정진이는 올바른 읽기부터 다시 시작해 글의 주제를 찾고 전체 내용을 요약하는 연습을 꾸준히 했습니다. 그러자 점점 중요한 내용을 발견하는 능력이 향상됐고, 나중엔 스스로 주제문과 내용 요약을 해내게 되었습니다.

정진이의 요약 실력이 어느 정도 늘고부터는 문학이든 비문학이든 상관없이 시간순 또는 글의 전개 순서에 따라 정진이가 자신의 언어로 최대한 기억을 되살려 요약하게 했습니다. 대부분의 아이가 글을 보지 않고 요약하기를 하면 처음에는 군데군데 구멍이 뻥뻥 뚫린 요약문을 작성합니다. 정진이도 그랬지요. 그러나 이 또한 일 년 정도가 지나면 요약본만으로도 완전한 글이 되게끔 작성하는 수준이 됩니다. 지금 정진이는 어떤 글을 읽든, 주제를 중심으로 전체 글을 자기만의 언어로 요약하는 실력이 아주 우수합니다.

더불어 저는 요약 연습을 한 아이들의 학습 전반 능력이 향상되는 모습도 종종 확인합니다. 글을 요약하면 서론, 본론, 결론을 찾고 연결하는 사고력이 필연적으로 좋아지고, 핵심 정보를 놓치지 않기 위해 글에 집중하다 보니 집중력도 상승합니다.

여러분은 단순 독서와 국어 공부의 가장 큰 차이를 아시나요? 독서는 감동이나 지혜를 얻는 게 목적이지만, 국어 공부는 독해를 한 뒤 문제를 맞힌다는 점이 다릅니다. 그래서 국어 공부를 위해 지문을 읽을 때는 단순히 감상하며 읽는 것이 아니라 머릿속에 중심 내용을 새기며 읽어야 합니다. 자신이 읽은 글이 정확히 무슨 내용인지 단 한 문장으로 요약할 줄 알아야 문제를 읽고 나서 바로 답을 찾을 수 있습니다.

올바른 요약 방법 세 가지

❀

'배우고 익히고 시험 본다(요약한다).' 이것은 민성원 연구소의 기본 공부 원리입니다. 이를 단계로 정리하면 다음과 같습니다.

입력 → 단기기억 → 사고 → 장기기억 → 출력

이 중 출력은 아이가 수업을 얼마나 이해했는지 확인하는 과정으로, 저는 '시험력'이라고도 말합니다. 공부하고 나서 학습 내용을 요약해보거나 문제를 푸는 것은 공부의 기본 중 기본입니다.

학생들이 공부하는 모습을 보면 가끔 답답할 때가 있습니다. 책을 몇 번 읽고서는 그것으로 그냥 공부를 마무리 짓곤 하더군요. 자신의 언어로 요약하거나 문제를 풀어보는 등 머릿속에 지식을 단단히 집어넣기 위한 별도의 과정이 생략되어 있는 겁니다. 읽은 내용 중에서 핵심을 파악해서 문제에 알맞은 답을 찾는 게 바로 시험인데, 이 과정이 생략되었다면 국어 공부가 완벽히 이루어졌다고 말할 수 없습니다.

특히 요약하기는 들어온 정보를 머릿속 서랍에 차곡차곡 정리해 넣는 굉장히 중요한 훈련입니다. 이걸 빼먹고 진도만 쭉쭉 나가면 필요할 때 정보를 꺼내 쓸 수 없습니다. 공부는 했는데 아는 게 없는 상태가 되는 것이지요.

요약할 때는 정확성이 중요합니다. 그래서 저는 학생들이 글을 읽을 때 꼭 연필을 쥐고 글에 표시하면서 읽도록 합니다. 주제나 핵심어에 동그라미를 치고 중심 문장에 밑줄을 그으면서 읽어야 머릿속에 내용이 각인되기 때문입니다. 앞서 올바른 쓰기를 설명할 때 시지각

협응을 이야기했지요? 눈으로 글을 읽으며 손에 든 연필로 표시하며 읽는 것 역시, 눈으로 본 것을 손으로 한 번 더 자극함으로써 두뇌를 자극하는 행동입니다.

요약하며 읽는 활동을 처음 해보거나 아직 요약하기에 익숙하지 않은 아이는 글의 주요 내용을 잘 찾지 못하기도 합니다. 그래서 글에 제시된 내용의 중요도를 따지지 못한 채 많은 동그라미와 밑줄 표시를 남깁니다. 하지만 차츰 연습하다 보면 표시한 동그라미와 밑줄의 양이 줄어들면서 정확한 읽기가 가능해집니다. 상황에 따라서는 글에 직접 표시하지 않고 말로 중심 내용을 요약해도 됩니다. 이때는 내용을 암기까지 해야 하니 더욱 두뇌를 자극하게 됩니다.

한 가지 꼭 명심해야 하는 점은 요약은 글을 읽은 즉시 해야 한다는 겁니다. 저는 공부에서 '즉시 반복을 통한 복습 효율의 극대화'를 늘 강조합니다. 지금 읽은 내용은 가장 먼저 단기기억으로 머릿속에 짧은 시간동안 남습니다. 시간이 흐른 뒤 요약하려면 당연히 들어왔던 지식은 날아가고 머릿속에는 아무것도 남지 않습니다. 이때 즉시 요약하는 과정을 통해 학습 효과를 올릴 수 있는 것이지요.

요약하며 읽는 활동이 아예 익숙하지 않은 어린아이의 경우에는 글을 읽은 뒤 문제를 풀어보는 것도 방법입니다. 문제를 풀기 위한 글 읽기라고 생각하면 읽기에 집중하게 됩니다. 또한 글을 다 읽은 뒤에는 연필로 표시한 부분을 다시 훑고 책을 덮은 다음, 기억나는 대로 요약 내용을 적거나 발표해보도록 할 수도 있습니다. 이런 연습이 암기력과 논리적 사고를 끌어올리는 기초가 됩니다.

아이의 국어 체력을 높이는 **요약하기 수칙**

❶ 글을 읽을 때는 연필을 쥐고 주요 내용을 동그라미와 밑줄로 표시하며 읽게 한다.
❷ 글의 중심 내용을 글로 적지 않더라도 말로 요약해서 정리할 수 있도록 한다.
❸ 아이의 요약 과정을 지켜보며 요약 능력의 수준을 확인하고, 아이 수준에 맞춰 자습서의 문제를 푸는 학습도 효과적이다.

여섯,

어휘를 늘린다

어휘력이 부족하면 국어가 무너진다

❄

 MBC「공부가 머니?」에 남다른 언어 감각을 지닌 아홉 살배기 아이가 소개된 적이 있습니다. 이 아이는 그 어린 나이에 영어, 중국어, 스페인어, 러시아어, 아랍어 등 무려 6개 국어를 구사하는 언어 수재였지요. 아이의 부모님 말에 따르면, 혼자서 틈만 나면 유튜브 영상을 보며 외국어를 듣고 따라 하더니 어느새 곧잘 하게 되었다고 합니다.

 이렇게 여러 나라 말을 독학한 아이가 우리말은 얼마나 잘할까요? 그런데 놀랍게도, 이 아이에게 두뇌심리 검사를 해본 결과, 국어 어휘력이 또래에 비해 상대적으로 부족한 것으로 나왔다고 합니다. 검사를 실시한 전문가에 따르면 유튜브로 여러 언어를 배우는 동안, 엄마와 책 읽기, 다른 사람과 대화하기, 글짓기 등 다양한 국어 활동에는 소홀했던 게 원인으로 보인다고 했습니다. 그러면서 모국어 어휘 부족이 앞으로 외국어 능력을 향상하는 데 걸림돌이 될 수도 있다고 덧붙였습니다. 즉, 아무리 다른 나라말을 듣고 외워도 우리말 어휘가 풍부하지 않으면 나중에는 외국어 실력도 장담하기 어려워진다는 겁니다. 이 사례로 왜 국어 어휘력이 모든 공부의 처음이자 마지막인지 짐작할 수 있습니다.

어휘력은 독해력의 기본입니다. 국어 과목에서 어휘력은 공부의 절반 이상을 차지한다고도 할 수 있지요. 단어를 모르면 내용을 파악할 수도 없고 문학작품을 읽어도 당연히 재미를 느끼거나 감동을 받을 수도 없지요. 어휘력은 분석적, 논리적, 비판적, 창의적 사고의 시작이자 읽기와 쓰기의 기본입니다. 어휘력이 낮은 수준이라면 독해력과 사고력 또한 높은 수준이 될 수 없지요.

그런데 외국어를 공부할 때는 열심히 어휘력을 올리려고 단어장까지 만들어 부단히 외우는데, 국어는 그렇게 공부하는 학생이 아주 드뭅니다. 단어장은커녕, 국어 단어 공부가 중요하다는 생각 자체를 하지 않는 것 같습니다. 그러다가 국어 단어가 중요하다는 사실을 깨닫는 순간에는 이미 공부해야 할 게 너무 많아서 고생하게 되지요.

국어 공부를 제대로 하려면 반드시 어휘는 따로 공부해야 합니다. 저는 초중고를 막론하고 모든 수업에서 부교재로 어휘 책을 사용합니다. 어휘는 국어 공부의 기본이기 때문입니다. 특히, 초등학생 때부터 체계적으로 공부한 어휘는 저축과 같습니다. 분명 나중에 이자까지 붙어서 큰돈으로 돌아옵니다.

어휘력 올리는 4요소

❄

국어를 공부하는 데 가장 중요한 기초 체력인 어휘력을 기르려면 네 가지 요소를 명심해야 합니다. 바로 꾸준함, 넓게 공부하기, 깊게 공부하기, 한자어 공부하기입니다.

먼저, 어휘력은 매일 꾸준히 공부해야 오릅니다. 어휘력 향상은 반복과 암기를 통해 이룰 수 있습니다. 매일 어휘를 꾸준히 보고 외우지 않으면 잊힐 수 있지요. 영어 단어를 아무리 외워도 며칠만 지나면 매번 헷갈리는 것처럼요. 국어를 포함한 모든 공부는 시기와 특성에 따라 공부하는 방식에 다소 차이가 있지만 매일 꾸준히 해야 한다는 점은 동일합니다. 삼시 세끼 때마다 밥을 챙겨 먹는 것처럼 꾸준히 어휘를 습득하게 해주세요.

둘째, 어휘는 넓게 공부해야 합니다. 문학, 과학, 역사 등등 다양한 분야의 어휘를 공부하되 너무 심오하고 전문적인 차원으로 빠지지 않고 골고루 알아야 하지요. 학년이 올라가면 한자 성어까지 확장해도 좋습니다. 이를 위해서는 다양한 분야의 책을 읽고 다양한 매체를 접하는 것이 바람직합니다. 또한, 매 수업 시간에 충실히 임하고 일상생활에서 모르는 어휘를 접하면 바로 뜻을 찾아보고 정리하는 습관을 지녀야 합니다. 이렇게 어휘를 넓혀두면 학년이 오를수록 사고력이 좋아지면서 깊게 공부할 수 있습니다.

셋째, 어휘에 담긴 의미까지 깊이 알아야 합니다. 어휘는 경우에 따라서 깊이 공부해야 할 때가 있습니다. 예를 들어, '비교하다/대조하다'는 쓰임에서 완전히 다릅니다. '비교하다'는 비슷한 점을 견주어 설명할 때 쓰이고, '대조하다'는 서로 다른 것을 견주어 설명할 때 쓰입니다. '숟가락과 젓가락은 식사 도구이다'는 비교이고, '숟가락은 떠먹을 때 사용하고 젓가락은 집어먹을 때 사용한다'고 하면 대조입니다.

이와 같은 관념어들은 반드시 정확한 뜻과 용례를 봐야 합니다. 시험에도 자주 출제되지요. 문제로도 나오고 보기 문항에도 등장해 오답을 유도하기도 합니다.

전문용어의 뜻과 그 단어가 탄생한 배경지식을 배우는 것도 어휘를 깊이 공부하는 과정입니다. 경제학이나 법학, 과학 등에 쓰이는 어휘들은 겉으로 드러난 뜻만 이해하면 독해가 안 되는 경우가 많습니다. 예를 들어, 경제학에서 쓰이는 기회비용이라는 단어는 그냥 봐서는 기회를 얻는 데 드는 비용처럼 생각될 수 있습니다. 하지만 기회비용은 하나를 선택했기 때문에 다른 것을 포기할 수밖에 없게 되는데, 포기한 것 중 가장 가치가 높은 것을 말합니다. 경제학에서 매우 자주 나오지만 사람들이 쉽게 혼동하는 용어입니다. 이러한 전문용어는 평소 공부하면서 심화 학습을 하는 습관을 지녀야 깊은 수준의 어휘 공부가 가능합니다.

넷째, 한자어도 우리말 어휘임을 기억하세요. 학교, 학생, 점심 등 우리가 일상에서 접하는 단어 가운데 상당 부분은 한자어입니다. 우리말에서 일반적으로 사용하는 어휘 가운데 한자어가 차지하는 비중이 약 70%에 달합니다.

특히, 초등 저학년에게 한자는 어휘력을 높여주는 중요한 도구입니다. 학습에 사용되는 어휘는 대부분 개념어로, 개념어의 약 90%가 한자어지요. 예를 들면, '묘사(描寫)하다', '상통(相通)하다', '비교(比較)하다'와 같은 어휘들입니다. 이러한 개념어는 각 단어를 구성하는 한자가 무엇인지 알고 단어 뜻을 익히면 그 의미를 쉽게 이해하고 더 오래 기억할 수 있습니다.

초등 저학년 때는 『마법천자문』과 같은 만화 형식으로 한 글자씩 재미있게 배우면 좋습니다. 사실 초등 저학년 아이에게 한자는 꼭 그림 같아 보이기도 하지요. 그래서 문자로 다가가기보다 그림을 보듯 흥미를 느낄 수 있어야 자연스러운 습득이 가능합니다. 아이가 한자에 흥미를 느낀다면 동기부여를 위해 한자능력검정시험에 도전하는 것도 좋은 방법입니다.

초등 저학년까지 한 글자씩 자세히 보며 한자와 친해졌다면, 고학년부터는 문장 속에서 한자어가 어떻게 쓰이는지 파악하며 배우는 것이 바람직합니다. 일단 쓰는 것은 뒤로 미루고 읽는 것만 잘하자는 목표로 시작하세요. 문자로 접근하는 것이 아니라 어휘로 다가가는 것입니다. 한자 성어는 5학년 무렵부터 스토리텔링 도서를 통해 익히면 좋습니다.

아이의 국어 체력을 높이는 **어휘력 향상 수칙**
❶ 어휘 공부는 어릴 때부터 체계적으로 꾸준히 한다.
❷ 어휘 책을 항상 부교재로 활용한다.
❸ 매일 10분씩 어휘를 외우고 시험 보면서 어휘력 수준을 확인한다.
❹ 순우리말부터 한자어, 관념어까지 폭넓게 공부한다.

일곱,

시를 암송한다

시 암기가 힘들다고요?

✳

"글이 잘 안 읽혀요. 더듬거리며 힘들게 읽어봐도 무슨 내용인지 이해하기가 어려워요."

초등학교 2학년 재연이는 글 읽기를 어려워했던 아이입니다. 그다지 어렵지 않은 수준의 글을 읽을 때도 능숙하게 읽지 못했고, 청각 집중력도 약해서 수업 시간에 선생님의 말씀을 제대로 듣고 이해하는 데 어려움을 겪었습니다.

저는 이런 재연이를 위해 시 암송 수업을 시작했습니다. 쉬운 시어, 반복되는 운율, 짧은 어구 등이 읽기에 어려움을 느끼는 재연이에게 도움이 되기 때문입니다.

처음 몇 달 동안, 재연이는 시 암송을 힘들어하고 때로는 피하는 모습도 보였습니다. 늘 처음은 익숙하지 않기에 다소 힘든 것은 자연스러운 현상입니다. 그래서 올바른 교육 설계를 바탕으로 성과를 내기 위해서는 지속적인 훈련과 중간중간의 성취 경험을 통한 동기 부여가 필요합니다.

"재연아, 선생님하고 함께 시를 읽어보자. 대신에 끊어 읽어야 하는 부분에서는 충분히 쉬었다가 읽는 거야. 알았지?"

저는 재연이의 청각적 집중력이 향상되도록 끊어 읽기 수업과 시 암송을 계속했지요. 시구도 단순히 훑고 넘어가는 것이 아니라 표준 발음법에 맞게 발음하면서 시에 담긴 내용을 제대로 파악할 때까지 읽게 했습니다.

시간이 흘러, 점차 재연이의 시 암송에 요령이 붙었고 발음도 정확해지기 시작했습니다. 수업 시간에는 더욱 집중하게 되었지요. 또한 쉬는 시간에 미리 숙제를 끝내놓거나 시를 더 또박또박 발음하며 암송하는 등 자발적 학습 태도를 보였습니다. 6학년 무렵부터는 어휘력도 월등히 높아져 긴 글을 읽고도 맥락과 주제를 유추할 수 있게 되었습니다.

읽기 능력이 낮아 수업에 흥미를 잃었던 재연이는 어느새 중학교 국어도 미리 접하고 이해할 수 있는 수준이 되었습니다. 재연이가 더 늦기 전에 올바르게 읽기를 해낸 것이 이 모든 변화의 시작점이었던 겁니다.

저희 연구소에는 암기력 훈련을 집중적으로 하는 '코칭반'이 있습니다. 초등학교 저학년부터 중학교 1학년 학생들로 이루어진 반으로, 시, 사자성어, 화학식, 원주율, 주기율표, 연대표와 같이 내신에 도움이 되는 개념을 미리 익혀 암기력을 높이는 데 중점을 둡니다. 코칭반에서는 단어의 맨 앞 한 글자만 따서 외우는 두문자 암기법, 스토리텔링으로 맥락을 만들어 연상하며 외우는 이미지 암기법 등 다양한 암기법을 체계적이고 조직적으로 시도하여 아이들을 지도하고 있지요.

암기력은 운동과 같은 성질을 지닙니다. 누구라도 3개월 동안 체계적으로 운동하면 운동을 좋아하기 시작하고, 1년을 꾸준히 반복하면 매일 운동하고 싶어지지요. 즉, 훈련하면 잘하게 되고 잘하게 되면 좋아지는 겁니다. 암기도 마찬가지입니다. 암기력 훈련을 시작하면 암기력이 좋아지고 그때부터는 암기가 재미있어집니다. 암기가 잘되니 공부가 쉬워지는 것은 당연한 일입니다. 누군가는 무작정 외우는 주입식 교육이 나쁘다고 합니다. 그러나 암기력은 공부지능에서도 가장 기본이 되는 능력입니다. 특히 초등학생 때 암기력을 개발해두어야, 향후 복합적이고 창의적으로 사고를 하는 데도 능합니다.

저희 연구소에서 국어 수업 시간에 시 암송을 지도해보면 재미있는 현상을 발견할 수 있습니다. 시를 잘 외우는 아이들이 수학도 잘하는 것이지요. 어떻게 암기력이 좋은 아이가 사고력이 필요한 수학이나 공간 지각력이 필요한 도형까지 잘 이해하는 것일까요?

이는 달리기를 잘하는 아이가 근력과 반사신경이 좋아서 축구, 농구, 자전거, 배구, 테니스 등 대부분의 운동을 잘할 가능성이 큰 것과 같은 이치입니다. 잘 외운다는 것은 기억력과 집중력이 좋다는 뜻이므로 단어도 빨리 외울 수 있고, 연산도 빠르고 정확하게 할 수 있으며, 선생님이 말씀하신 것들을 한 번에 알아들을 수 있습니다. 결국 모든 과목을 두루 잘할 수 있게 되지요. 그래서 저는 공부지능을 이루는 인지능력 중에서도 암기력을 첫 번째로 꼽습니다.

이렇게 중요한 암기력을 높이는 데 시 암송만 한 것이 없습니다. 말도 예쁘고 운율도 있으니 아이들이 심상을 즐기며 외울 수 있어 암기 거부감이 적습니다. 그리고 시 암송에 재미를 느낀 아이들은 결국 자기가 시를 지어보는 데까지 나아갑니다.

체계적이고 조직적인 암기법 훈련 같은 작은 도움만으로도 아이들은 공부에 대한 자신감을 얻고 긍정적으로 변합니다. 가끔 시를 암기하는 아이들은 이런 말을 합니다.

"공부에서 암기가 제일 재미있고 쉬워요."

여러분의 자녀가 이런 말을 한다면 얼마나 기쁘실까요?

시 외우기가 주는 선물

❋

저희 연구소에 다니는 민지는 다른 아이들에 비해 시 암기 시간이 조금 더 걸리는 학생이었습니다. 지능에 문제가 있어서가 아니라 우리 연구소에 오기 전까지 체계적인 국어 공부를 해본 적이 없기 때문이었지요.

저는 민지와 처음 만난 뒤부터 1년 반이 지날 때까지 시 암기를 꾸준히 할 것을 학습 계획에 넣었습니다. 민지는 당연히 초반에는 5~6행의 짧은 시조차 외우기 버거워했습니다. 시간도 오래 걸렸고요.

하지만 세 달 정도 꾸준히 시를 외우면서부터 민지는 암기하는 것 자체에 크게 부담을 느끼지 않기 시작했습니다. 시를 당연히 외워야 하는 것으로 받아들이고, 시에 나오는 모르는 단어나 구절에 대해서도 관심을 두고 배우는 자세를 지니게 되었지요. 그 결과, 지금은 18~20행의 긴 시도 겁내지 않고 꼼꼼하게 잘 외우게 되었습니다.

민지는 중학교 2학년 여름방학부터 고1 3월 모의고사 문제를 풀었는데, 본격적으로 시 암기를 진행한 6~7개월 동안 모의고사 점수가 놀라운 성장을 보였습니다. 첫 시험에서는 6등급이었던 점수가 한 달 뒤에는 4등급으로 두 등급이나 껑충 뛰어올랐고, 또 한 달 뒤에는 3등급이 되었지요. 그 후로 더 진행된 4번의 시험에서 안정적인 3등급이 나오고 있습니다. 시 암기를 본격화한 중2 여름방학 이후 급격한 성적 향상을 보이는 것으로 보아 시 암기가 성적 향상에 큰 도움이 된 것은 자명해 보입니다.

이렇게 암기력 성장뿐 아니라 성적 향상, 공부 습관 개선까지 좋은 영향을 주는 시 암기의 효과를 극대화하기 위해 저희 연구소에서는 2019년 여름방학 때 시 암송 대회를 개최했습니다. 소정의 상금을 걸고, 중학교와 고등학교 국어 교과서에 나오는 시 50편을 외우는 것이 목표였지요. 연구소의 초중고 아이들이 도전했습니다.

아이들은 처음에는 50편이나 되는 시를 어떻게 외우냐며 걱정했습니다. 평소 국어 수업 시간에 시 암기를 많이 하지만, 50편이 넘는 시를 다 외우고 시험까지 보는 대회라고 하니 긴장감이 생길 만하지요.

하지만 전부 기우였습니다. 아이들은 암기하면 할수록 암기력이 더욱더 좋아졌습니다. 너도 나도 시를 외우면서 암기를 즐거운 것으로 인식하게 되었죠.

암송 대회의 우승자는 초등학생 두 명이었습니다. 시 50편을 완벽히 암송했지요. 그러나 우승한 아이뿐 아니라 그렇지 못한 아이들도 모두 '하면 되는구나.'라는 자신감을 얻었고, 이후 계속해서 시 암송 수업을 할 때마다 즐겁게 시를 외웠습니다. 이처럼 시 암송은 암기에 대한 두려움을 극복하게 해줍니다. 그리고 향상된 암기력과 집중력 덕분에 성적도 오르지요.

그리고 한 가지 더, 아이들이 이미 외운 시들을 고등학교에 올라가서 만나게 된다면 어떨까요? 입 밖으로 술술 말할 수 있을 만큼 머릿속에 입력한 작품이니, 시를 처음 접하는 다른 아이보다 훨씬 더 쉽게 배울 수 있겠지요? 이해한 것은 틀릴 수 있지만 외운 것은 안 틀립니다. 국어 만점의 기본은 시 암송에 있습니다.

아이의 국어 체력을 높이는 **시 암송 수칙**

❶ 암기력이 부족하거나 암기를 싫어하더라도 포기하지 말고 차근차근 시를 외우게 한다.
❷ 일주일에 1편, 한 달에 2편 등 시의 작품 수를 정해서 외우게 한다.
❸ 외운 시는 가족들 앞에서 암송하게 한다. 암기는 반복이 중요함을 늘 명심한다.

여덟,

정기적으로
문제를 푼다

문제를 풀며 글 읽는 방법을 깨닫는다

✳

중학교 3학년 지호는 공부한 양에 비해 성적이 안 나온다며 상담을 청한 학생입니다. 지호 어머니는 좀 더 체계적인 학습 계획을 조언받고 싶다고 하셨죠.

저는 지호에게 하루 공부 일과가 어떤지 물었습니다.

"어… 보통 학교 수업을 마치고 집에 와서 간단히 간식을 먹고, 바로 수학 학원에 가요. 학원이 끝나고 다시 집에 오면 밤 10시쯤 되고요. 그럼 엄마가 차려주신 저녁을 먹고, 잠 좀 깨려고 씻고 와서 한

11시부터 책상에 앉아요. 다음 날 내야 하는 영어 학원 과제도 하고, 학교 수행평가 숙제도 하고… 그러고 나면 새벽 1시가 넘는데요. 대부분 너무 졸려서 하는 수 없이 대충 마무리 지어 놓고 그냥 자요."

"그래, 그럼 새벽 1시 30분쯤 자고 다음 날 학교는 8시까지 가야겠네. 그러고 나서 또 똑같이 간식 먹고, 학원에 가고, 숙제하고, 잠들고. 맞지?"

"네. 평일은 거의 매일 그래요. 주말에는 주말 학원 강의를 듣거나 인터넷 강의를 듣고요."

지호의 하루는 듣는 제가 피곤해질 정도로 빡빡했습니다. 지호가 피곤해 보인 게 당연했지요. 하지만 이렇게 열심히 하루를 보내고도 지호의 성적은 몇 달째 정체 상태였습니다. 아주 만족 못 할 수준은 아니었지만 공부에 들인 시간에 비하면 확실히 오름세가 나타나지 않았습니다.

저는 그 원인을 단번에 알 수 있었습니다. 지호는 배우기만 했지, '배운 걸 내 것으로 만드는 시간'이 부족했는데 이것이 문제의 원인이었죠.

지호의 하루는 강의 듣기가 유독 많습니다. 학교와 학원에서 몇 시간째 수업을 듣기만 하고 학교 숙제나 학원 과제도 근근히 하는 정도이지 배운 걸 확인하고 점검할 수는 없었을 것입니다. 저는 지호 어머니에게 '자신이 아는지 모르는지를 아는' 메타인지 학습 계획이 중요함을 강조했습니다.

"지금 지호 공부에는 지식을 입력하는 과정만 있지 출력하는 과정이 없어요. 본래 공부를 제대로 하려면 지식을 입력한 후, 사고하면서 출력해내는 것까지 가야 해요. 그래야 오래 기억에 남아서 후에 시험을 볼 때 적절히 활용할 수 있어요. 그러려면 반드시, 문제를 풀어봐야 합니다."

저는 지호 어머니에게 학원 강의를 대폭 줄이라고 조언해드렸습니다. 현재처럼 빡빡한 하루에 문제 푸는 학습 시간까지 추가하기가 어려웠기 때문이죠. 그리고 학원 강의를 뺀 시간만큼 정기적인 모의고사 풀기와 문제집 풀기 시간을 가지라고 했습니다.

물론 지호 어머니는 망설이셨습니다. 특히 영어, 수학 학원을 줄이려니 너무 불안해하셨죠. 하지만 다행히 학원 수강 시간을 줄였고, 대신 정기적인 문제 풀기 시간을 가지기로 했습니다.

지호는 문제 풀기를 진행하며 자신이 뭘 알고 뭘 모르는지 인지하게 되었습니다. 단순히 틀린 것만 추려 오답노트를 만드는 데서 벗어나 자신이 부족한 부분을 전반적으로 이해하고 보완해나갔지요. 그러자 잠잘 시간도 없어 피곤했던 몸이 점차 활력을 되찾으면서 수업에 집중하게 되었고 지호의 성적은 조금씩 상승 곡선을 그렸습니다.

제가 주창하는 공부 원리의 핵심은 '공부는 범위를 정해서 배우고 익히고 시험 보는 것'입니다. 배우고 익히더라도 확인하는 과정으로 마무리하지 않으면 다음 진도로 넘어가선 안 됩니다. 그러나 국어 공부를 할 때면 그 이유가 무엇인지 다들 글만 읽고 맙니다. 또는 참고서가 분석해 둔 내용을 쭉 한 번 훑고 넘어가지요.

국어 체력을 기르기 위해서는 국어도 수학이나 영어처럼 수시로 문제를 풀어 확인해야 합니다. 문제를 많이 풀다 보면 자기가 여러 번 틀리는 문제 유형을 발견할 수 있습니다. 만일 글의 저자가 주장하는 바가 무엇인지를 묻는 문제 유형을 자주 틀린다면, 그건 글의 핵심 내용이나 주장, 이를 뒷받침하는 근거가 담긴 문장을 잘 파악하지 못한다는 뜻입니다. 한편, 문학작품에서 화자의 상황으로 적절한 것을 고르는 문제 유형을 잘 틀린다면 상징적이고 비유적으로 표현된 부분을 그냥 흘려 읽는다는 뜻이지요. 이렇게 문제를 자주 풀어야 자신의 독해력이나 국어 실력에서 어떤 부분이 모자란지 깨달을 수 있습니다.

저는 배우기만 하는 것은 공부가 아니라는 말을 자주 합니다. 왜냐하면 공부는 자신과의 대화이기 때문입니다. 스스로 공부한 내용을 잘 이해하고 있는지 끊임없이 확인해야만 하지요. 만일 여러분이 영화를 한 편 감상하고 나왔는데, 누군가 여러분에게 영화 줄거리를 말해보라고 하면 영화 줄거리를 얼마나 자세히 말할 수 있을까요? 주요 사건을 잘 정리해서 이야기하는 사람이 있는 반면, 감동하여 눈물까지 흘렸어도 줄거리를 거의 기억하지 못하는 사람도 있을 겁니다.

만약 영화를 보러 들어가기 전에, 영화가 끝나고 나면 줄거리를 말해야 한다는 걸 미리 안다면 어떨까요? 아마 그 말을 듣지 않고 영화를 봤을 때보다 줄거리를 훨씬 더 잘 정리해서 이야기할 수 있을 겁니다.

문제를 풀 거라는 걸 염두에 두고 글을 읽는 것과 이를 염두에 두지 않고 글을 읽는 것도 이와 마찬가지입니다. 문제를 풀 거란 걸 알면 글을 읽을 때 좀 더 집중해서 읽게 되지요. 덕분에 학습 과정에 대한 집중도가 올라가고 독해력도 높아집니다.

문제 풀기는 국어 체력을 확인하는
가장 확실한 방법

※

국어 공부를 할 때 문제 푸는 과정이 중요하다고 해서 무작정 문제를 많이 푸는 것만이 능사는 아닙니다. 적절한 시기에 효과적인 방법으로 이루어져야 합니다. 세 가지 요소를 염두하며 문제를 풀어보는 습관을 지니도록 지도해주세요.

먼저 가장 기본 바탕은 진도를 나간 부분은 곧바로 문제를 풀어봐야한다는 점입니다. 앞서 저는 '즉시 반복을 통한 복습 효율의 극대화'가 중요하다고 말씀드렸지요. 문제 풀이도 반복 복습의 일부분이라고 할 수 있습니다. 국어는 지식 쌓기와 독해력, 사고력 늘리기가 동시에 이루어져야 합니다. 새로운 지식을 공부하고 즉시 문제를 푸는 학습이 배운 것을 내 것으로 만드는 과정이자 사고력을 키우는 과정입니다. 일정 시간이 지난 뒤에 문제를 풀면 이 두 가지 효과가 모두 떨어집니다.

어휘는 따로 시간 내어 공부하고 수준을 확인해야 합니다. 앞서 어휘는 매일 꾸준히 공부하는 습관이 중요하다고 말씀드렸습니다. 즉, 매일 알아가야 할 어휘가 정해져 있기 때문에 이는 따로 시간을 내어 외우고 바로 성취 수준을 확인해야 합니다. 어휘를 공부할 때는 관련 어휘 책이나 교재들을 이용하면 수월합니다. 참고로 저는 새로운 어휘를 접할 때마다 그 어휘를 이용해서 짧은 글을 지어보는 활동을 지도합니다. 그러면 어휘를 익히면서 동시에 스스로 활용하게 되어서 능동적인 공부가 이루어집니다.

중학교 2학년 때부터는 정기적으로 고등학교 모의고사 문제를 풀어보면서 실전 감각을 쌓아야 합니다. 수학은 숫자 세기부터 더하기, 빼기를 지나 미적분에 도달할 때까지 매우 단계적인 과정을 거칩니다. 벽돌을 쌓듯이 차근차근 해야 하지요. 그런데 국어는 수학과 접근 방식이 달라야 합니다. 국어도 처음 몇 년간은 수학처럼 단계적인 학습이 이루어집니다. 자음과 모음을 배우고 기본 문법 개념을 익히며 어휘를 조금씩 심화해나가지요. 문장도 점차 더 길고 어려워지고요.

하지만 일반적으로 국어는 중학교 과정을 마치는 정도가 되면 배워야 할 것은 거의 다 배우게 됩니다. 그래서 중학교 3학년 학생이 고등학교 1학년 모의고사를 풀어도 아예 못 푸는 일은 없습니다. 오히려 먼저 풀어보면서 실전 감각을 익히고, 시험 국어 공부의 감을 얻을 수 있습니다. 따라서 중학교 과정을 마쳤다면 정기적으로 시험을 쳐서 자신의 국어 실력이 전국에서 어느 정도인지 가늠해보고, 국어의 여러 영역 중 강점과 약점을 파악해 보완해가는 게 효과적입니다.

KBS한국어능력시험을 치르며 국어 실력을 확인하는 것도 국어 체력을 확인하는 좋은 방법입니다. KBS한국어능력시험은 올바른 한국어 사용의 능력을 갖추고 있는지를 측정하는 국가공인 시험입니다. 1년에 4회 정도 시행되며 국어 능력의 효과성과 유창성, 정확성, 창의성을 중심으로 출제되지요. 의사소통 능력이나 문법 지식뿐 아니라 우리 언어문화에 관한 교양적 능력까지 측정하기에 아이의 진정한 국어 실력을 평가할 수 있습니다. 또한 국어에서 어떤 영역이 강하고 약한지도 파악할 수 있지요. 1년에 한두 번씩 주기적으로 이 시험을 보다 보면 평소 국어 공부를 하면서 자연스럽게 성적이 향상될 테니 국어에 대한 자신감도 생길 수 있습니다. 더 나아가, 국가공인 시험이므로 고등학교 때 생활기록부에 기재할 수 있다는 덤까지 얻을 수 있겠지요.

아이의 국어 체력을 높이는 **문제 풀기 수칙**

❶ 학교에서 배운 문제는 자습서로 매일, 바로바로 풀이하는 습관을 지닌다.
❷ 어휘도 암기한 뒤에는 따로 문제를 풀어 확인하게 한다.
❸ 중3부터는 고1 모의고사 문제를 정기적으로 풀어보면서 전국 단위에서 자녀의 수준을 확인한다.
❹ KBS한국어능력시험을 치르며 한국어 사용 능력의 수준과 정도를 확인하게 한다.

흔들리지 않는
공부 실력을 지닌
아이들의 비밀

3부

국어 뿌리를 내리는 5단계 공부법

단계별 국어 학습이
탄탄한 국어 실력을 만든다

국어 뿌리를 내리기에
알맞은 때는 정해져 있다

✵

효율적인 공부 전략이란 아이의 현재 능력을 파악한 뒤 목표를 설정하고, 이를 달성하기 위한 일들을 정해 기간별로 나누어 실행하는 것입니다. 모든 공부에는 알맞은 때가 있기 때문입니다. 시기마다 해야 할 일이 다르고 중요한 일이 다르기에 단계를 정해서 적기를 놓치지 않고 공부하는 것이 중요하지요. 모든 교육은 적기이면서 조기에 이루어져야 그 효과를 극대화할 수 있습니다. 적기를 고려하지 않고 무조건 빨리, 조기교육을 시키면 덜 성숙된 아이의 지능이 받아들이지 못하기 때문입니다. 또한 적기를 놓치게 되면 적기에는 쉽게 할 수 있는 것들이 나중에는 어렵게 해야 하는 것이 되는 문제가 발생합니다.

물론 공부에 필요한 체력을 기르는 일은 남들보다 일찍 시작하면 그만큼 유리합니다. 다만 적기의 범주 안에서 일찍 시작해야 합니다. 예를 들어 유아기부터 초등 저학년까지가 기본 국어 실력이 가장 크게 발달하는 시기라면 유아기 때부터 차근차근 시작하는 게 '조기, 적기 교육'입니다. 능력이 발달하는 적기를 놓치고 나서 나중에 공부시키면 습득하는 속도나 정도가 떨어지기 마련입니다.

한 가지 유의할 점은 공부는 머리로 하는 것이기에 신체 연령이 아닌 정신 연령을 기준으로 이루어져야 한다는 겁니다. 저희 연구소에서 맨 처음 학생을 만나면 지능 검사를 하는 것도 바로 이런 이유에서지요. 정신 연령에 따라 맞춤 교육을 진행하면 훨씬 정확하고 효과적으로 실력을 향상할 수 있습니다.

만약 신체 연령은 초등학교 2학년이지만 정신 연령이 초등학교 4학년이라면 4학년 공부를 하는 것이 맞습니다. 반대로 신체 연령은 초등학교 2학년이지만 정신 연령이 일곱 살 수준이라면 일곱 살에 맞는 교육을 해야 하지요. 같은 초등학교 2학년이라고 해서 모두에게 똑같은 교육을 한다는 건 맞지 않습니다. 정신 연령보다 너무 빨리 시작하면 아이가 학습에 어려움을 느껴 흥미를 갖지 못합니다. 반면에 정신 연령보다 낮은 수준의 학습을 시키면 너무 쉬워서 지루해하기 쉽습니다. 따라서 정신 연령에 맞는 효과적인 단계 학습으로 아이의 공부지능을 최대치로 끌어올리고 발산하도록 해야 합니다.

아이의 국어 실력은
다섯 단계를 밟으며 쑥쑥 커간다

❋

이 책에서 제시하는 최종 목표는 국어 기본기를 탄탄히 뿌리내려, 이를 발판으로 아이가 평생 공부를 하는 데 흔들리지 않게 하는 것입니다. 더불어 내신과 수능 국어 영역에서 우수한 성적을 받게 하는 것이지요. 이를 위해 아이의 지능과 학년 교육과정 등을 고려하여 5단계 국어 학습법을 정리해봤습니다. 교육부에서 고시한 국어 과목의 성취 기준도 초등학교 1~2학년, 3~4학년, 5~6학년, 중학교 1~3학년, 고등학교 1학년으로 단계화하여 영역별로 제시하고 있지요. 각 단계 안에서는 어느 정도 유사성 있는 국어 교육이 이루어지는 겁니다. 이를 염두에 두고 국어 교육의 각 단계를 차근차근 밟아가면 훨씬 효과적으로 공부할 수 있겠지요.

1단계는 유아기부터 초등 저학년까지로, 기본 국어 활동인 듣기, 말하기, 읽기, 쓰기를 공부해야 합니다. 이때는 특히 일상생활에서 부모님과 함께하는 모든 언어활동이 국어 실력을 올리는 기반이 됩니다. 따라서 부모님께서 아이와 대화하고 생활하는 과정에서 어떻게 말하고, 어떤 책을 읽어주며 어떤 국어 활동을 지원하는지가 이 시기 아이의 국어 실력을 키우는 데 중요한 요소입니다. 정확한 한글맞춤법과 표준발음법에 따라 읽고 쓰고 말하도록 지도해주세요.

2단계는 초등 중학년 시기로, 경험하는 글을 다양화하여 국어의 기본인 어휘력을 풍부하게 만들어야 합니다. 듣기와 말하기, 읽기, 쓰기 실력이 어느 정도 올라간 초등 중학년 아이들이 계속해서 새로운 국어 자료를 접할 수 있게 합니다. 마치 넓은 그물을 드넓은 바다에 펼치듯 국어의 세계를 넓혀주세요.

3단계 초등 고학년부터는 본격적으로 독해력을 올리는 학습에 들어가야 하는 시기입니다. 초등 중학년까지 넓게 펼친 그물망을 좀 더 촘촘히 꿴다는 생각으로 다양한 글을 접하게 하는 동시에, 보고 들은 내용을 요약, 정리하고 문제를 풀어 완벽히 이해했는지 확인합니다. 이 과정을 통해 자기주도 학습과 메타인지 학습까지 이루어질 수 있습니다.

4단계는 중학생 시기로, 언어로서의 국어를 넘어 시험으로서의 국어를 익혀야 합니다. 이전 학년보다 부쩍 높아진 학교 국어 수업의 난도와 교과서 수준을 따라가려면 이 시기 국어 공부에 더욱 집중해야 합니다. 또한 학교 수업에 나오는 문학작품을 충실히 살펴보면서, 문법과 비문학 독서 영역의 반복 학습을 통해 국어 뿌리를 깊이 내려야 합니다.

5단계는 고등학생 시기로, 이전 단계에서 튼튼히 쌓은 국어 체력을 기반으로 고난도 비문학 독서 지문을 연습해야 합니다. 이제 본격적으로 수능을 향해 달릴 때입니다. 수능 국어 영역 중에서 본인이 가장 약한 영역을 파악하여 빈틈을 메우고, 교과서 외 읽을거리를 통해 배경지식을 더욱 탄탄히 다지며 비문학 독서 영역을 마무리하게 해주세요.

총 5단계의 국어 공부법은 매일, 꾸준히, 적기에 맞추어 실행하는 것이 중요합니다. 각 단계에 따라 차근차근 공부하다 보면, 훗날 입시는 물론 평생의 공부지능이 정립하게 됩니다.

1단계

올바른 국어 습관 만들기

165쪽 표는 교육부가 고시한 초등학교 1~2학년 학습 내용입니다. 이 시기는 취학 전의 국어 경험을 발전시켜 일상생활과 학습에 필요한 기초 읽기 · 쓰기 능력을 갖추고, 말과 글(또는 책)에 흥미를 가지도록 하는 것이 학습 목표입니다. 이에 따라 다양한 읽을거리를 정확한 발음으로 올바르게 읽고, 한글맞춤법에 따라 올바르게 쓰며, 하고 싶은 말을 다양하고 올바르게 표현하는 학습이 이루어져야 합니다.

시기 저학년(미취학, 초등학교 1~2학년)
핵심 학습 한글맞춤법에 맞게 올바르게 읽고 쓰고 말한다.

초등학교 1~2학년 학습 내용

듣기·말하기	• 상황에 어울리는 인사말을 주고받는다. • 일이 일어난 순서를 고려하며 듣고 말한다. • 자신의 감정을 표현하며 대화를 나눈다. • 듣는 이를 바라보며 바른 자세로 자신 있게 말한다. • 말하는 이와 말의 내용에 집중하며 듣는다. • 바르고 고운 말을 사용하여 말하는 태도를 지닌다.
읽기	• 글자, 낱말, 문장을 소리 내어 읽는다. • 문장과 글을 알맞게 띄어 읽는다. • 글을 읽고 주요 내용을 확인한다. • 글을 읽고 인물의 처지와 마음을 짐작한다. • 읽기에 흥미를 가지고 즐겨 읽는 태도를 지닌다.
쓰기	• 글자를 바르게 쓴다. • 자신의 생각을 문장으로 표현한다. • 주변의 사람이나 사물에 대해 짧은 글을 쓴다. • 인상 깊었던 일이나 겪은 일에 대한 생각이나 느낌을 쓴다. • 쓰기에 흥미를 가지고 즐겨 쓰는 태도를 지닌다.
문법	• 한글 자모의 이름과 소릿값을 알고 정확하게 발음하고 쓴다. • 소리와 표기가 다를 수 있음을 알고 낱말을 바르게 읽고 쓴다. • 문장에 따라 알맞은 문장 부호를 사용한다. • 글자, 낱말, 문장을 관심 있게 살펴보고 흥미를 가진다.
문학	• 느낌과 분위기를 살려 그림책, 시나 노래, 짧은 이야기를 들려주거나 듣는다. • 인물의 모습, 행동, 마음을 상상하며 그림책, 시나 노래, 이야기를 감상한다. • 여러 가지 말놀이를 통해 말의 재미를 느낀다. • 자신의 생각이나 겪은 일을 시나 노래, 이야기 등으로 표현한다. • 시나 노래, 이야기에 흥미를 가진다.

올바르게 읽기 –
올바른 읽기 습관의 첫 단추는 국어다

※

엄마와 아이가 나란히 앉아 책을 읽는 풍경은 생각만으로도 마음이 따뜻해집니다. 우리 어머니들 중에 아이에게 책을 읽어줄 때, 귀찮고 짜증 난다는 마음으로 읽어주시는 분은 없을 거예요. 책을 통해 아이가 더 큰 세상을 경험하기를 바라는 마음을 담아 읽어주시지요. 이러한 엄마의 따뜻한 사랑은 어린아이들에게 가장 좋은 학습 동기로 작용합니다. 엄마와 교감하면서 책을 읽다 보면 책을 좋아하는 아이가 되고, 언어에 노출되는 시간이 길어지면서 국어 체력이 형성됩니다.

그런 어머니들의 사랑에 저는 '올바른 읽기'를 하나 더하길 추천해드립니다. 이왕이면 정확한 발음으로, 알맞게 끊어 읽으며, 엄마도 아이와 함께 내용을 파악하며 분석하는 거지요. 아직 홀로 책 읽기가 서투른 미취학 아동과 초등 저학년 아이들에게는 엄마 목소리로 듣는 올바른 읽기가 올바른 읽기 습관을 다지는 초석입니다.

첫째, 아이와 책을 읽을 때는 표준발음법에 맞는 정확한 발음으로 읽도록 노력해주세요. 동화구연가 수준은 아니더라도 최대한 정확한 발음으로 읽어주어야 합니다. 시인 김소월의 「진달래꽃」에서 '가시는 걸음걸음 놓인 그 꽃을 사뿐히 즈려 밟고 가시옵소서'의 '밟고'는 '밥꼬'라고 발음해야 할까요, '발꼬'라고 발음해야 할까요? 정답은 '밥꼬'입니다. 많이들 '발꼬'라고 잘못 발음하지요. 평소 올바르게 발음하는 습관이 국어 문법을 쉽게 익히도록 해줍니다.

생각보다 우리말 발음이 어렵습니다. 일상생활을 할 때는 다소 발음이 잘못되더라도 의사소통에 별 지장이 없지요. 그래서 발음에 신경을 쓰지 않을 때가 많습니다. 또 어머니들이 개인적으로 독서할 때는 책을 소리 내서 읽는 일이 드뭅니다. 그래서 정확한 발음으로 책을 읽는 연습이 잘 안 되어 있어요.

부모가 부정확한 발음으로 읽어주면 아이들은 가랑비에 옷이 젖듯이 잘못된 발음에 익숙해집니다. 그렇게 오랜 시간 동안 들어온 잘못된 발음은 학교에 다니면서 교정하려고 해도 잘되지 않습니다. 당연히 교정하는 데 많은 시간과 노력이 들고요.

정확한 발음에 대한 확신이 없을 때는 국립국어원의 자료를 참고하세요. 초등학교 저학년 시기 아이들의 읽을거리에는 어른도 헷갈릴 만큼 발음이 어려운 어휘는 많지 않습니다. 그래도 가끔 헷갈리는 단어를 만난다면 반드시 정확한 발음을 확인하고 읽어주세요.

특히 초등학교 저학년 시기에는 다음 예시처럼 연음법칙에 유의해서 읽어주세요. 받아쓰기를 할 때 아이들이 자주 헷갈리는 부분입니다. '걸음'을 '거름'으로, '떨어진'을 '떠러진'으로 잘못 적는 것과 같은 실수를 하는 것이지요. 평소 엄마와 책을 읽으며 올바른 연음 법칙을 자연스레 익힌 아이는 받아쓰기에서도 틀리지 않고 올바른 발음과 단어의 형태를 체화할 수 있습니다.

> 나리는 파란 하늘에 떠 있는 구름을 (구르믈) 보았어요.
>
> 그리고 집으로 (지브로) 바삐 뛰어갔어요.
>
> 길 위에는 떨어진 (떠러진) 나뭇잎들이 참 많았어요.

둘째, 주어와 서술어, 쉼표와 마침표 등 띄어 읽어야 할 곳은 충분히 띄어 읽어서 듣는 아이가 쉽게 의미를 파악하게 하세요. 그리고 이후에 아이도 비슷한 방식으로 문장을 끊어가며 읽을 수 있게 지도해주세요.

초등학교 2학년 때부터 저희 연구소에서 수업을 들었던 두진이는 또래의 다른 아이들에 비해 낱말의 뜻을 잘 이해하고 기억했지만, 조금이라도 긴 글을 읽을 때는 집중하지 못했지요. 책 한 권이라도 읽으려 하면 계속 딴짓을 해서 제가 바로 옆에 앉아 있지 않으면 수업을 따라오지 못하는 아이였습니다.

그러다 두진이가 꽤 열성적인 부분을 발견했습니다. 두진이는 가만히 앉아서 하는 문제풀이나 읽기 수업에는 크게 흥미를 보이지 않았지만, 다른 아이들에게 자기를 선보일 수 있는 발표 수업에서는 적극적으로 손을 들며 참여했습니다. 이 긍정적인 경쟁심을 읽기에 활용한다면 분명 학습 전반에 큰 변화를 줄 수 있겠다고 생각했지요.

그래서 두진이는 아이들이 다함께 참여하는 읽기 수업부터 시작했습니다. 끊어 읽기 수업은 아이들이 서로 읽는 모습을 볼 수 있게끔 한 사람씩 순서대로 글을 읽는 방식으로 진행됐습니다. 다른 아이들 앞에서 자기가 잘하는 모습을 보여주고 싶었던 두진이는 누구보다 열심히 끊어 읽기 수업에 참여했지요.

시 암송 수업도 효과가 있었습니다. 시를 잘 암송하는 아이에게는 조금 더 일찍 집으로 갈 수 있는 특별 보상을 주었습니다. 그러자 두진이의 집중력이 상승했습니다. 소리 내어 외우고 발음하는 동안에는 차분히 자리에 앉아 꼼짝도 하지 않았지요. 두진이의 청각 집중력이 크게 향상한 겁니다.

그렇게 6개월 동안 수업을 진행하고 3학년이 된 두진이는 점점 경쟁심을 넘어서 학습적인 성취에 욕심을 냈습니다. 시 암송이나 단어 암기 시험에서는 항상 상위권을 유지했지요. 4학년이 되면서는 집중력이 강화돼 수업 중에 돌아다니는 행동도 크게 줄었고, 국어뿐만 아니라 수학 같은 다른 과목 수업에서도 집중력을 유지하는 시간이 껑충 뛰었습니다. 읽고 이해하기 어려워했던 긴 글도 이제는 주어부와 서술부를 구분해 읽어낼 만큼 독해력이 크게 향상했습니다.

현재 초등학교 6학년에 올라가는 두진이는 중학교 국어를 미리 접하고 있습니다. 스스로 중학생 수준의 비문학 지문을 문단별로 나누어 요약하면서 읽고 있지요. 처음 만났던 두진이를 떠올리면, 약 4년 동안 두진이의 학습 태도가 얼마나 달라졌는지를 알 수 있습니다.

두진이의 사례에서 보듯이 띄어 읽기는 독해력의 기초가 되는 아주 중요한 작업입니다. 글을 읽으면서 발음하기 어려운 단어는 표시하고, 띄어 읽기를 잘못한 부분도 문장 사이에 / 또는 V로 표시하여 올바른 띄어 읽기를 눈으로 보게 해주세요. 171쪽 자료는 저희 연구소에서 실제 국어 수업 때 이루어지는 끊어 읽기의 예시를 보여주는 사진입니다.

셋째, 엄마와 함께 충분히 책을 읽은 다음에는 아이가 스스로 읽는 시간을 보내야 합니다. 말하기 속도가 느린 아이는 한 페이지를 읽는 데도 몇 분이 걸릴 수 있습니다. 그런 아이는 책 한 권을 다 읽는 데 체력적으로 많이 지치고 점차 책 읽기를 멀리하게 됩니다. 이럴 때는, 하루에 10분만이라도 아이가 직접 소리 내며 책을 읽도록 시간을 정하세요. 이 정도로 충분하니 너무 욕심을 내지 않아도 됩니다.
아이의 발음이 틀렸거나 우물쭈물한다고 너무 걱정하며 꾸짖지 마세요. 대신 아이가 틀리면 바로잡아주고 격려해주세요.

실천
알고 싶은 내용이 담긴 글을 읽고 간추려 발표하기 〔역량 활동〕

1 옛날과 오늘날의 옷차림을 자세히 설명한 글 읽기

옷차림이 바뀌었어요

1 옛날과 오늘날 사람들의 옷차림에는 차이가 많이 있다. 사람들은 옛날에 우리나라 고유한 옷인 한복을 입었다. 오늘날에는 서양 사람들이 입던 차림의 옷인 양복을 주로 입는다. 그리고 명절이나 결혼식 같이 특별한 행사가 있을 때에만 한복을 입는 경우가 많다. 지금부터 사람들이 입는 옷차림이 옛날과 오늘날에 어떻게 다른지 신분과 성별, 옷감 종류에 따라 나누어 알아보자.

〔중심 내용〕 옛날과 오늘날 사람들의 옷차림에는 차이가 많이 있다.

신분(身 몸 신, 分 나눌 분) 개인의 사회적인 위치나 지위.
예 옛날에는 신분에 따른 차별이 심했습니다.

2 먼저, 옛날에는 신분에 따라 옷차림이 달랐지만 오늘날에는 직업이나 유행에 따라 다른 경우가 많다. 옛날에는 양반과 평민의 신분에 따라 옷차림이 달랐다. 양반 가운데에서 남자는 소매가 넓은 저고리와 폭이 큰 바지를 입었고, 여자는 폭이 넓고 긴 치마를 입었다. 평민 가운데에서 남자는 비교적 폭이 좁은 저고리와 바지를 입었고, 여자는 폭이 좁은 치마를 입었다. 그리고 평민이 입는 치마 길이는 양반보다 짧은 편이었다. 하지만

▲ 양반 옷차림　　　　▲ 평민 옷차림

양반 고려·조선 시대에, 지배층을 이루던 신분.
평민 벼슬이 없는 일반인.

정답친해 8쪽

오늘날에는 직업이나 유행에 따라 옷을 입는 경우가 많다. 또 사람들이 입는 옷 종류도 옛날보다 더 다양해졌다.

〔중심 내용〕 옛날에는 신분에 따라 옷차림이 달랐지만 오늘날에는 직업이나 유행에 따라 다른 경우가 많다.

3 다음으로, 옛날에는 사람들이 성별에 따라 다른 옷을 입었지만 오늘날에는 자신이 좋아하는 옷을 입는다. 옛날에 남자는 아래에 바지를 입고 위에는 저고리와 조끼, 마고자를 입었다. 그리고 춥거나 나들이를 갈 때에는 겉에 두루마기를 입었다. 여자는 아래에 속바지와 치마를 입고 위에는 저고리를 입었다. 여자도 두루마기를 입지만 남자가 입는 두루마기와 모양이 달랐다. 오늘날에는 남자와 여자의 옷차림을 엄격하게 구분하지

않는다. 대신 각자 좋아하는 옷을 입기 때문에, 옷차림이 사람에 따라 다르다.

〔중심 내용〕 옛날에는 사람들이 성별에 따라 다른 옷을 입었지만 오늘날에는 자신이 좋아하는 옷을 입는다.

4 마지막으로, 옛날에는 자연에서 얻은 실로 짠 옷감으로 옷을 만들었지만 오늘날에는 합성 섬유로 옷을 만드는 경우가 많다. 우리 조상은 식물이나 누에고치에서 실을 뽑아 옷감을 얻었다. 식물에서 뽑은 실로 짠 옷감으로는 삼베, 모시, 무명 따위가 있고, 누에고치에서 뽑은 실로 짠 옷감으로는 비단이 있다. 오늘날에는 옛날처럼 자연에서 얻은 실로 옷감을 짜기도 하지만 공장에서 만든 합성 섬유에서 옷감을 더 많이 얻는다.

〔중심 내용〕 옛날에는 자연에서 얻은 실로 짠 옷감으로 옷을 만들었지만 오늘날에는 합성 섬유로 옷을 만드는 경우가 많다.

삼베 삼이라는 식물의 껍질에서 뽑아낸 실로 만들어 짠 옷감.
모시 모시풀 껍질의 섬유로 짠 옷감. 베보다 곱고 빛깔이 희며 여름 옷감으로 많이 쓰임.

무명 목화솜에서 뽑아낸 무명실로 짠 옷감.
비단 누에고치에서 뽑아낸 명주실로 짠 광택이 나는 옷감을 통틀어 이르는 말. 가볍고 빛깔이 곱고 촉감이 부드러움.

읽을거리는 어떤 걸 골라야 할까요? 가장 기본은 국어 교과서입니다. 저는 저 스스로를 국어 교과서 예찬론자라고 말합니다. 학부모님과 상담할 때마다 국어 교과서의 장점을 열심히 설명하지요. 국어 교과서는 국어학자들에 의해서 잘 설계된 최적의 국어 개발 교재입니다. 정확한 맞춤법과 띄어쓰기를 기반으로, 듣기, 말하기, 읽기, 쓰기, 문법, 문학 등 언어와 관련된 모든 능력을 훈련할 수 있습니다. 특히나 국어 교과서는 어휘 난도가 매우 체계적입니다. 학년이 올라갈 때마다, 단원을 넘어갈 때마다 어휘 난도도 높아지게끔 조정되어 있습니다. 그런 국어 교과서로 공부하면 바른 읽기 습관은 물론 정확한 어휘를 익히는 데 도움이 될 수밖에 없지요.

다만 교과서만으로 수업하기에는 다소 불편하므로 자습서를 함께 사용하는 것이 더 효율적입니다. 참고로 저는 『완자 초등 국어』 시리즈를 주 교재로 활용합니다.

올바르게 쓰기 –
손으로 직접 써야 머릿속에 새겨진다

✳

듣기와 읽기가 상대에게 집중하는 다소 수동적인 학습이라면, 쓰기와 말하기는 스스로 몸을 사용한다는 점에서 능동적입니다. 몸을 움직인다는 것은 신체와 두뇌 사이의 연결을 강하게 만듭니다.

특히나 연필을 쥐고 글씨를 쓰는 활동은 자판을 두드리거나 스마트폰 화면을 누르는 것보다 훨씬 더 다양한 소근육을 사용하게 합니다. 우리 두뇌는 중추신경 중 30%가 손의 움직임에 반응해 활성화되기 때문에 단순히 자판이나 화면을 누르는 것보다 더 많은 근육을 쓰는 손 글씨가 두뇌를 더욱 자극하게 됩니다. 또한 컴퓨터 화면을 보며 자판을 칠 때면 주변 환경에 따라 집중력에 많은 방해를 받습니다. 환한 화면과 인터넷을 켤 수 있는 각종 아이콘, 글을 적는 프로그램 창에 달린 기능 아이콘까지 시야에 굉장히 많은 것이 비치지요. 반면 공책에 글씨를 쓸 때는 오로지 하얀 종이만 볼 수 있습니다. 이것이 손으로 직접 글자를 쓸 때보다 자판을 쳤을 때 오탈자가 더 많이 발생하는 이유지요.

실제로 자판을 사용할 때와 손 글씨를 쓸 때의 뇌파를 비교해보면 전두엽의 활성화 정도가 두드러지게 차이 납니다. 손 글씨를 쓸 때는 전두엽을 비롯한 뇌의 다양한 부분이 활성화되지만 자판을 칠 때는 전두엽의 활성화 정도가 수면 상태와 유사할 정도로 현저히 낮게 나타난다고 합니다.

이 전두엽은 정서 통제와 계획, 의사 결정에 영향을 미치는 것으로 알려져 있습니다. 전두엽에 문제가 생기면 충동적이고 폭력적 성향이 나타난다는 연구 결과도 있지요. 그리고 전두엽의 발달은 청소년기를 지나 성인이 되어서야 완성됩니다. 즉, 아동기부터 청소년기 사이에 전두엽의 발달이 완성되는 겁니다. 그러므로 전두엽을 활성화하는 손 글씨 활동이 우리 아이들에게 반드시 필요합니다.

쓰기는 획순에 맞게, 적당한 크기로, 또박또박 빠르게 쓰는 연습을 통해 쓰기 활동에 대한 귀찮음을 줄여나가야 합니다. 천재는 악필이라는 말은 결코 사실이 아닙니다. 디지털 문화가 확대됨에 따라 초중고등 학생들을 막론하고 글씨를 예쁘게 쓰는 학생이 적습니다. 읽는 데는 문제가 없지만 쓰는 데는 문제가 많은 겁니다. 필체가 이런데 맞춤법이나 띄어쓰기를 맞게 하는 건 두말할 것도 없습니다. 결국 악필이 국어 성적에까지 영향을 미치는 겁니다.

한글을 배우기 시작하는 유아기나 초등 저학년 때부터 글씨를 똑바로, 맞춤법에 맞게 띄어쓰기를 잘했는지 반드시 학부모님이 점검해주세요. 첫 단추를 잘 끼우면 다음 단추를 끼우기가 훨씬 쉬워집니다. 하루하루 생활 속에서 국어 체력이 튼튼해지면 고등학교에 올라가 두 번 공부하는 수고를 줄일 수 있습니다.

올바르게 말하기 – 지식은 말로 완성된다

❄

지식은 단지 아는 것으로 끝나지 않습니다. 글로 쓰거나 말로 표현해야 온전히 내 것이 됩니다. 말하기나 글쓰기는 일종의 확인 작업입니다. 공부를 많이 한 것 같지만 성적이 좋지 않은 아이들은 대부분 공부하고 나서 확인 작업 없이 다음 단계로 넘어간 경우입니다. 배운 내용이 머릿속에 남지 않고 날아간 것이지요. 배우고 익히고 확인하는 작업은 공부의 기본이라는 사실을 다시 한번 강조합니다. 실력은 조금 귀찮은 것을 꾸준히 하는 데서 올라갑니다.

무엇보다 말하기는 다른 사람과의 상호작용에 필요한 기초적인 의사소통 도구입니다. 상대가 내 의견을 제대로 이해할 수 있도록 분명한 뜻을 전달해야겠지요. 그 첫걸음은 완전한 문장으로 말하기입니다. 완전한 문장으로 말하지 않으면 대화 상대가 오해할 수 있습니다. 따라서 먼저 학부모님들께서 평소 아이에게 완전한 문장으로 말해주세요. 어른들에게도 저마다 말버릇이 있습니다. 사투리가 강하거나 특정 단어를 자주 쓰기도 하고, 이상한 추임새를 모든 문장 끝에 넣는 사람도 있습니다. 어른들끼리 대화할 때는 이런 습관을 굳이 의식할 필요는 없습니다. 물론 공적인 자리에서 다수를 상대하며 이야기할 때는 주의해야겠지요.

아이의 올바른 말 습관을 바로잡는 일은, 일상에서 부모님과 나누는 대화에서부터 시작해야 합니다. 부모님의 말버릇을 그대로 닮는 게 우리 아이들입니다. 함께 책을 읽을 때 정확한 발음으로 읽어주신 것처럼, 아이와 대화할 때도 정확하고 완전한 문장을 써주세요.

2단계

다양하게 읽고
풍부한 어휘력 쌓기

＊

　177쪽 표는 교육부가 고시한 초등학교 3~4학년 학습 내용입니다. 이 시기는 생활 중심의 친숙한 국어 활동을 바탕으로 일상생활과 학습에 필요한 기본적인 국어 능력을 갖추고, 적극적이고 능동적인 의사소통 태도를 생활화하는 것이 학습 목표입니다. 이에 따라 단어와 문장 단위에서 벗어나 장단문을 접하며 시, 소설, 회의록, 주장문, 독후감 등 다양한 글을 경험하는 학습이 이루어져야 합니다. 또한 의성어와 의태어 등 초등 저학년이 배우는 어휘에서 벗어나 다양한 어휘를 폭넓게 익혀야 합니다.

시기 **초등 중학년(3~4학년)**
핵심 학습 **다양하게 읽고 어휘를 늘려간다.**

초등학교 3~4학년 학습 내용

듣기·말하기	• 대화의 즐거움을 알고 대화를 나눈다. • 회의에서 의견을 적극적으로 교환한다. • 원인과 결과의 관계를 고려하며 듣고 말한다. • 적절한 표정, 몸짓, 말투로 말한다. • 내용을 요약하며 듣는다. • 예의를 지키며 듣고 말하는 태도를 지닌다.
읽기	• 문단과 글의 중심 생각을 파악한다. • 글의 유형을 고려하여 대강의 내용을 간추린다. • 글에서 낱말의 의미나 생략된 내용을 짐작한다. • 글을 읽고 사실과 의견을 구별한다. • 읽기 경험과 느낌을 다른 사람과 나누는 태도를 지닌다.
쓰기	• 중심 문장과 뒷받침 문장을 갖추어 문단을 쓴다. • 시간의 흐름에 따라 사건이나 행동이 드러나게 글을 쓴다. • 관심 있는 주제에 대해 자신의 의견이 드러나게 글을 쓴다. • 읽는 이를 고려하며 자신의 마음을 표현하는 글을 쓴다. • 쓰기에 자신감을 갖고 자신의 글을 적극적으로 나누는 태도를 지닌다.
문법	• 낱말을 분류하고 국어사전에서 찾는다. • 낱말과 낱말의 의미 관계를 파악한다. • 기본적인 문장의 짜임을 이해하고 사용한다. • 높임법을 알고 언어 예절에 맞게 사용한다. • 한글을 소중히 여기는 태도를 지닌다.
문학	• 시각이나 청각 등 감각적 표현에 주목하며 작품을 감상한다. • 인물, 사건, 배경에 주목하며 작품을 이해한다. • 이야기의 흐름을 파악하여 이어질 내용을 상상하고 표현한다. • 작품을 듣거나 읽거나 보고 떠오른 느낌과 생각을 다양하게 표현한다. • 재미나 감동을 느끼며 작품을 즐겨 감상하는 태도를 지닌다.

다양하게 읽기 - 배경지식이 쌓여야
생각그릇이 커진다

❄

  초등학교 저학년 때 양육자와 함께 읽는 것을 시작으로 책 읽기에 흥미를 갖게 되면, 아이들은 점차 독서의 양을 늘려나갑니다. 특히 1단계 국어 학습이 잘 이루어진 아이들은 스스로 더 읽을거리를 찾아 나서지요. 이야기책을 좋아하는 아이는 이야기책을, 학습만화에 빠진 아이는 학습만화 시리즈를 스스로 용돈을 모아 사서 볼 정도입니다. 또한 성장이 빠른 요즘에는 초등 3학년이면 어느새 자신의 세계를 형성해가기 시작합니다. 이런 시기에 더 큰 세상을 보여준다면 포용적인 자아 개념은 더욱 발달합니다.

  이렇게 아이가 스스로 책을 읽기 시작하면 학부모님들은 뿌듯해하며 곁에서 지켜봐주십니다. 그러나 이때 지켜만 보시면 안 됩니다. 흥미를 갖는 영역 외의 책도 추천해주시면서 아이가 더 다양한 글을 읽게 해주셔야 합니다. 세상에는 이야기책만 있는 게 아니라는 사실을, 어떤 것에 대해서 깊이 성찰하고 정보를 정리한 교양도서도 있음을 알려주세요. 동물이 주인공인 책도 있지만 의인화된 사물의 시각에서 이야기하는 책도 있음을 알려주세요. 그렇게 다양하게 읽어야 다양한 분야의 감수성과 지식이 생깁니다. 어느 한 분야에만 국한된 독서는 대학에 입학해서 전공 공부를 할 때까지 미루어두시는 게 좋습니다.

더불어 아이의 읽을거리가 반드시 책일 필요는 없습니다. 글밥으로만 이루어질 필요도 없습니다. 저는 지나치지만 않다면 TV나 인터넷과 같은 멀티미디어를 보는 것도 추천합니다. 제가 이렇게 말씀드리면 정말 많은 학부모님께서 놀라십니다.

"아직 어린 초등학생인데, TV를 마음껏 보여줘도 괜찮나요?"

"요즘 유튜브다 비제이다 뭐다 해서 애들 집중력을 흩뜨려놓는데, 오히려 보여주라고요?"

사실 배경지식을 올리는 차원에서는 영상이 더욱 강력한 힘을 발휘합니다. 예를 들어 프랑스의 문화를 알려주려 할 때, 영상과 글 중에 어떤 게 더 생생하게 기억에 남을까요? 당연히 영상입니다. 올바른 문법을 배우고 문장력을 키우는 건 책이 으뜸이지만 배경지식을 확장하는 데는 영상도 큰 몫을 합니다.

같은 맥락에서 학습만화도 마찬가지입니다. 종종 학부모님들께서 학습만화를 보는 것이 학습에 도움이 되냐고 물어보십니다. 이 질문에 저는 학습 발달에 전혀 문제가 없으며 오히려 권장한다고 말씀드리지요.

특히 다산어린이에서 출간되는 위인전 『Who?』 시리즈는 동시대를 살아가는 위대한 인물들의 삶을 조명하고 있습니다. 꼭 알아야 할 과거의 위인들 이야기는 그 자체로 세계 정세나 우리나라 역사를 알 수 있는 배경지식이 됩니다. 이 시리즈는 동시대를 살아가거나 최근 사망한 위인들을 다루기 때문에 아이가 친숙하게 느끼고 더욱 몰입하여 위인전을 읽을 수 있습니다. 이밖에도 과학이나 천자문, 역사 관련 학습만화와 같이 너무 자극적이지 않은 내용으로 꾸려진 것들이라면 학습만화는 아이에게 좋은 읽을거리가 됩니다.

읽을거리를 고를 때는 누구나 아는 이야기부터 고르는 것이 좋습니다. 너도 알고 나도 알고 부모님도 알고 할머니도 아는, 고전이나 지침이 될 만한 양서들입니다. 왜냐하면 이 같은 이야기는 대화할 때 '이 정도는 알아야 한다'는 상식의 기준이 되기 때문입니다. 대한민국 국민이라면 우리나라 고전인 「심청전」, 「흥부전」, 「박씨전」 정도는 마땅히 알아야 하고, 세계적인 명작이라 인정받는 『대지』, 『데미안』, 『오만과 편견』 정도도 들어봤어야 합니다. 우리가 대화하다가 심보가 고약한 사람을 일컬어 '놀부' 또는 '놀부 심보'라고 표현하지요? 이는 우리 모두가 「흥부전」 정도는 다 읽고 알고 있다는 합의가 있기 때문에 가능한 겁니다. 따라서 모두가 아는 고전을 먼저 익힌 뒤 창작동화까지 나아갈 수 있도록 해주세요. 배경지식을 쌓을 때는 먼저 그물망을 넓게 펼친 뒤 촘촘하게 만들어가야 한다는 것도 항상 명심하세요.

어휘 늘리기 –
직접 찾고 새겨야 어휘력이 쌓인다

❄

앞서 책을 읽을 때는 연필을 손에 쥐고 표시하며 읽어야 한다고 말씀드렸습니다. 저는 분석적 읽기의 시작이 연필이라고 봅니다. 쓰는 동작으로 머릿속에 내용이 더 잘 각인되기 때문에 글의 흐름을 파악하기 쉬워지지요.

어휘력 끌어올리기 역시 연필에서 출발합니다. 모르는 단어가 나오면 표시하게 하세요. 초등 중학년 아이라면, 개인마다 차이는 있겠지만 책의 한 쪽당 5~10개 정도의 모르는 어휘가 있을 것입니다. 이때 바로 사전에서 찾아보면 좋겠지만 매번 사전에서 찾는다는 것이 사실 번거롭기도 합니다. 제가 자습서를 권하는 이유도 자습서에는 신출 어휘가 잘 정리되어 있기 때문입니다. 사전에서 찾아보는 습관이 잘 되어 있으면 금상첨화지만, 자습서에 정리된 어휘라도 잘 익히고 넘어가는 것이 최선입니다.

이보다 더 좋은 방법은 '국립국어원 표준국어대사전' 홈페이지에서 검색하는 겁니다. 우리말의 표준어 규정과 한글맞춤법 등 어문 규정을 준수하여 등록되는 것이어서 그 뜻과 용례가 가장 정확합니다. 단어를 검색할 때는 뜻만 보고 끝내지 말고 예문도 함께 보게 하세요. 어휘는 문맥에 따라, 함께 사용하는 다른 어휘에 따라 조금씩 뜻이 다를 때가 많습니다. 특히 한자어의 경우에는 더욱 그렇지요.

아이가 사전의 뜻풀이만 보고는 단어의 정확한 쓰임을 알기 어렵습니다. 그래서 부모님이 옆에서 함께 뜻풀이와 예문을 보며 충분히 설명해주셔야 합니다. 이처럼 뜻과 예문으로 어휘 감각을 익히면 초등 중학년 이후, 아이의 어휘력이 일취월장하게 됩니다. 조금 더 욕심이 있다면 어휘 뜻을 설명하는 영상이나 그림, 사진 등을 함께 보게 하세요. 어휘의 의미를 더욱 오래 기억할 수 있습니다.

"굳이 이렇게 어휘를 따로 공부해야만 하나요?"

간혹 학부모님들 중에는 이런 의문을 가지는 분들이 계십니다. 책을 많이 읽으면 어휘는 어느 정도 잡을 수 있다는 분도 많고요. 물론 책 읽기를 통해 어휘력을 높이는 일도 충분히 의미 있는 활동입니다. 그러나 이 경우에는 추상적인 개념어는 학습하기 어렵습니다.

주제, 제재, 해학, 풍자, 구분, 분류, 분석 등과 같은 형태의 표현을 개념어라고 하는데, 국어 교과서에서도 몇 단원에 하나씩 등장합니다. 그래서 추상적 개념어는 따로 어휘 책을 부교재로 두고 공부해야 합니다. 교과서와 자습서를 주교재로, 어휘 책을 부교재로 함께 보면 서로 더 효율적으로 국어 체력을 키울 수 있지요.

참고로 한자어는 문장 속에서 터득하면 됩니다. 그리고 쉬운 수준의 한자 숙어를 같이 익히게 하세요. 초등 중학년에는 한자를 그리

급하게 공부할 필요는 없습니다. 이야기 고사성어 등으로 재미있게 읽는 활동만으로도 충분합니다.

초등 4학년이 되면 언어 사고력이 급성장합니다. 이 시기에 습득한 어휘가 앞으로 이어지는 초등 고학년, 중학생, 고등학생 공부에서 강한 무기가 되어줍니다. 아이의 어휘 주머니를 좀 더 풍부하게 채워주세요.

깊게 읽고
요약하는 힘 키우기

✻

185~186쪽 표는 교육부가 고시한 초등학교 5~6학년 학습 내용입니다. 이 시기는 공동체·문화 중심의 확장된 국어 활동을 바탕으로 하여 일상생활과 학습에 필요한 국어 교과의 기초적인 지식과 역량을 갖추고, 국어의 가치와 국어 능력의 중요성을 인식하는 것이 학습 목표입니다. 이에 따라 자신의 의견을 정확히 요약해서 말하고 다양한 글거리를 요약하며 요약을 토대로 한 추론과 주장하는 능력을 갖추는 학습이 이루어져야 합니다.

시기 **초등 고학년(5~6학년)**
핵심 학습 **깊게 읽고 요약하고 문제를 푼다.**

초등학교 5~6학년 학습 내용

듣기·말하기	<ul><li>구어 의사소통의 특성을 바탕으로 하여 듣기·말하기 활동을 한다.</li><li>의견을 제시하고 함께 조정하며 토의한다.</li><li>절차와 규칙을 지키고 근거를 제시하며 토론한다.</li><li>자료를 정리하여 말할 내용을 체계적으로 구성한다.</li><li>매체 자료를 활용하여 내용을 효과적으로 발표한다.</li><li>드러나지 않거나 생략된 내용을 추론하며 듣는다.</li><li>상대가 처한 상황을 이해하고 공감하며 듣는 태도를 지닌다.</li></ul>
읽기	<ul><li>읽기는 배경지식을 활용하여 의미를 구성하는 과정임을 이해하고 글을 읽는다.</li><li>글의 구조를 고려하여 글 전체의 내용을 요약한다.</li><li>글을 읽고 글쓴이가 말하고자 하는 주장이나 주제를 파악한다.</li><li>글을 읽고 내용의 타당성과 표현의 적절성을 판단한다.</li><li>매체에 따른 다양한 읽기 방법을 이해하고 적절하게 적용하며 읽는다.</li><li>자신의 읽기 습관을 점검하며 스스로 글을 찾아 읽는 태도를 지닌다.</li></ul>
쓰기	<ul><li>쓰기는 절차에 따라 의미를 구성하고 표현하는 과정임을 이해하고 글을 쓴다.</li><li>목적이나 주제에 따라 알맞은 내용과 매체를 선정하여 글을 쓴다.</li><li>목적이나 대상에 따라 알맞은 형식과 자료를 사용하여 설명하는 글을 쓴다.</li><li>적절한 근거와 알맞은 표현을 사용하여 주장하는 글을 쓴다.</li><li>체험한 일에 대한 감상이 드러나게 글을 쓴다.</li><li>독자를 존중하고 배려하며 글을 쓰는 태도를 지닌다.</li></ul>

문법	• 언어는 생각을 표현하며 다른 사람과 관계를 맺는 수단임을 이해하고 국어생활을 한다. • 국어의 낱말 확장 방법을 탐구하고 어휘력을 높이는 데에 적용한다. • 낱말이 상황에 따라 다양하게 해석됨을 탐구한다. • 관용 표현을 이해하고 적절하게 활용한다. • 국어의 문장 성분을 이해하고 호응 관계가 올바른 문장을 구성한다. • 일상생활에서 국어를 바르게 사용하는 태도를 지닌다.
문학	• 시문학은 가치 있는 내용을 언어로 표현하여 아름다움을 느끼게 하는 활동임을 이해하고 문학 활동을 한다. • 작품 속 세계와 현실 세계를 비교하며 작품을 감상한다. • 비유적 표현의 특성과 효과를 살려 생각과 느낌을 다양하게 표현한다. • 일상생활의 경험을 이야기나 극의 형식으로 표현한다. • 작품에 대한 이해와 감상을 바탕으로 하여 다른 사람과 적극적으로 소통한다. • 작품에서 얻은 깨달음을 바탕으로 하여 바람직한 삶의 가치를 내면화하는 태도를 지닌다.

깊게 읽기 –
깊게 읽어야 언어 사고력이 깃든다

❋

초등학교 3학년 2학기에 만난 동원이는 공부에 욕심이 많고 승부욕도 뛰어난 학생이었습니다. 지능 균형도 훌륭했으며 특히 지각 추론 영역은 상위 0.1%로 매우 높은 수준이었습니다. 그런 동원이는 어렸을 때부터 각종 수학경시대회나 영어 레벨 테스트에서 늘 최상위권에 들며 만족할 만한 결과를 얻었습니다. 자녀의 공부에 엄청난 열정을 보인 동원이 어머니는 영어와 수학에 중점을 두었지만 국어 교육도 소홀히 하지 않았습니다. 그러나 희한하게도 국어 성적이 항상 2% 정도는 부족했다고 합니다. 그렇게 동원이는 엄마 손을 잡고 저를 찾아왔습니다.

"좋다고 입소문 난 언어 사고력 프로그램이나 독서 프로그램을 다 해봤는데도 국어를 늘 어려워하네요."

저는 국어 영역 간 균형을 고려해 동원이의 국어 수업을 설계했고, 동원이는 단 한 번의 결석 없이 성실히 수업을 따라왔습니다. 체계적인 국어 공부를 차근차근 수행한 동원이는 초등학교 6학년이 될 무렵부터 고등학교 1학년 수준의 비문학 지문을 어떤 불편 없이도 정확하게 이해할 수 있게 되었습니다. 그뿐만 아니라 언어 사고력과 언어지능이 더욱 개발되자, 어려운 영문서와 대학교 교양 도서까지 넘나들며 아주 폭넓고 깊은 독서를 하게 되었지요.

현재 동원이는 『맨큐의 경제학』이나 칼 세이건의 『코스모스』와 같은 다소 어려운 교양서를 거침없이 읽고 분석합니다. 이걸 굉장히 즐기면서 해요. 동원이가 초등 수준의 독서에서 중고등 수준의 독서로 확 바뀌었음에도 흔들리지 않았던 건, 하루하루 열심히 한 국어 공부가 켜켜이 쌓여 단단한 토양을 만들었기 때문입니다. 요즘도 동원이는 자신감 넘치는 표정으로 연구소에 나옵니다. 그리고 이제 수학 영재뿐만 아니라 국어 영재라는 별명까지 갖게 되었지요.

초등 5, 6학년이 되면 전 과목에서 비로소 보다 '깊은' 공부를 시작합니다. 그래서일까요? 이맘때부터는 국어 공부를 덜 해도 되겠거니 생각하고 국어 학습을 줄이는 학부모님이 많습니다. 이젠 정말 수학과 영어에 집중해야 하는 시기가 아니냐고 말씀하시지요. 하지만 제가 말하는 '깊은' 공부는 초등 저학년부터 중학년까지 쌓아올린 국어 기초 체력을 유지하면서 그 위에 다른 과목을 공부하는 겁니다.

초등 5~6학년의 독서도 깊이 파고드는 방향으로 바뀌어야 합니다. 아이가 읽을 때 술술 읽히고 문장과 문맥의 의미를 바로바로 파악할 수 있는 책보다는, 조금은 끙끙거리면서 읽어야 하는 책을 보는 겁니다. 전자는 동화책이나 학습만화, 가벼운 소설 등이겠지요. 후자는 한국문학이나 세계문학 전집입니다. 처음에는 힘들어해도

초등 국어 뿌리 공부법

미취학 아동기부터 초등 4학년까지 국어 체력을 잘 길러 국어의 뿌리가 잡힌 아이들은 새로운 즐거움을 찾아냅니다.

생각해보면 저 역시, 초등학교 고학년이 되었을 즈음에 한국 단편 문학에 푹 빠졌던 기억이 납니다. 그리고 운이 좋게도 숙모께서 도서관에서 근무를 하신 덕에 『데미안』, 『죄와 벌』, 『레 미제라블』, 『젊은 베르테르의 슬픔』과 같은 해외 문학도 쉽게 접할 수 있었지요. 그 이후로 저는 어떤 글을 읽든, 모르는 단어는 있을지언정 의미를 아예 파악하지 못한 내용은 없었습니다. 고전이 준 깊은 언어 사고력이 제 머릿속에 뿌리를 내렸기 때문입니다. 문학 문제는 교과서로 공부할 수 있지만, 문학적 감상은 독서를 통해서 이루어집니다.

수능 국어에서 가장 고생하는 영역이 비문학 독서라는 것은 여러 번 강조했습니다. 초등 6학년 때부터 이를 대비하면 생전 처음 보는 글도 무리 없이 읽고 이해할 수 있습니다.

부모님이 보시기에 국어 체력이 좋은 초등 고학년 학생은 경제나 법, 철학 분야를 읽을 것을 권합니다. 이 세 분야에 등장하는 어휘는 수준도 높고 어렵습니다. 게다가 수능 국어 비문학 독서 지문의 주제로 종종 출제됩니다. 쉽게 해석하기 힘들다는 것을 출제자들도 알고 있어서 이러한 영역에서 꾸준히 문제가 출제되고 있습니다.

따라서 초등 고학년이 되면 경제, 법, 철학 영역에서 쓰이는 용어를 조금씩 익히게 하세요. 물론 이들 분야는 배경지식 없이 바로 어휘만 익히기는 어렵습니다. 해당 분야와 관련된 도서를 읽으며 차근차근 접하는 게 좋습니다. 청소년용으로 쉽게 푼 교양서나 학습만화로 시작해 점차 읽기 난도가 높은 책으로 옮겨주세요. 배경지식도 쌓고 어휘도 익히는 일석이조의 시간이 될 겁니다. 단, 대학 필독서는 추천하지 않습니다. 보통 초등학생이 읽기에는 난도가 너무 높아서 입시를 위한 배경지식 확장에는 큰 도움이 안 되고, 오히려 독서에 거부감을 느끼게 할 수 있습니다.

참고로 저희 연구소에서는 학년을 구분하지 않고 서양사, 경제학, 법학, 철학을 인문사회라는 과목으로 묶어서 가르치고 있습니다. 각 학생의 사고력과 독해력에 따라 이해도가 천차만별이긴 하지만, 학생들 모두 인문사회를 배우면서 언어 사고력만큼은 월등히 향상되는 결과를 보였습니다.

강남의 한 공립 초등학교에 재학 중인 성하는 인문사회 수업을 듣고 있는 학생입니다. 성하는 3학년 때부터 5학년인 현재까지 서양사, 경제학, 법학, 철학을 벌써 세 번째 회독하고 있습니다. 사실 일반적으로 인문사회 수업은 초등학교 6학년 이후에 듣기를 권장하지만, 성하 어머니의 간곡한 부탁과 성하의 의지가 너무도 확고해서 시험 삼아 들어보도록 했지요.

성하가 3년 동안 수업을 들으면서 꾸준히 한 행동이 있습니다. 바로 제일 앞자리에서 수업을 듣는 겁니다. 물론 처음에는 눈만 껌뻑껌뻑하며 수업 내용의 절반을 이해하는 것도 어려워했습니다. 이 수업에서는 그날 수업한 내용을 모두 암기해야만 귀가할 수 있는 규칙이 있었는데 성하는 늘 가장 마지막까지 남아 있곤 했지요. 나중에 성하 어머께 들은 이야기지만, 경제학과 법학 수업을 들을 때는 성하가 너무 어렵다며 속상해서 울기까지 했다고 합니다.

성하는 1년이 지나고 두 번째 회독이 시작되는 세계사 첫 시간에도 제일 앞자리에 앉아 있었습니다. 정말 기특하지 않나요? 그 후에도 성하의 고군분투는 계속되었지만, 틀림없이 성하는 매일 조금씩 발전하고 있었습니다. 형들과 누나들에게 지지 않기 위해 집에서 수업 내용을 예습하고 암기해오기 시작했고, 빈 강의실에서 칠판에 수업 내용을 복습하며 스스로 강의해보기까지 하더군요.

세 번째 회독을 마친 지금, 성하의 인문사회 이해도는 중3 상위권 학생 이상입니다. 게다가 성하는 고1 국어 모의고사 비문학 영역 문제를 전부 맞혔는데, 인문사회 수업에서 배운 것들이 바탕이 되었다고 생각합니다.

인문사회 수업을 통해 배경지식을 더욱 깊게 하고 최고 수준의 비문학 어휘를 습득하면서, 성하는 점점 더 합리적으로 생각하게 되었습니다. 그렇게 아이스크림을 사달라고 조르던 3학년 꼬마는 어느 덧『맨큐의 경제학』을 읽으며 영어 에세이를 적는 우등생이 되었지요. 그리고 성하 어머니께서 성하의 성적 상승보다 더 기뻐하는 것은 다소 소극적이던 아이가 자신감이 넘치고 무엇이든 도전하려는 의지, 근성을 지니게 된 점이라고 합니다.

요약하고 문제 풀기 –
객관적으로 바라본다

❋

앞서 이야기했던 '모든 공부는 배우고 익히고 시험 보는 것으로 이루어진나'라는 저희 연구소 철학을 기억하시나요? '입력 → 단기기억 → 사고 → 장기기억 → 출력'으로 구성되는 공부의 5단계도 말씀드렸지요. 이 과정 중에서 출력은 배운 것을 내 것으로 만드는 과정으로, 요약하고 문제를 풀며 내가 정말 아는지를 확인하는 일입니다.

요약하기와 문제 풀기는 자기주도 학습과 메타인지 학습을 동시에 충족할 수 있는 아주 좋은 방법입니다. 자기주도 학습은 스스로의 목표와 능력에 맞는 학습입니다. 내가 목표하는 대학에 가려면 뭘 해야 하는지 알고, 현재 내 위치가 어디쯤인지도 아는 것이지요. 그래서 목표 대학에 가기 위한 자신만의 학습 계획을 잡습니다. 단순히 사교육을 안 한다고 자기주도 학습인 것이 아니라, 사교육을 받더라도 나의 목표와 능력에 맞는 사교육을 선택한다면 그건 자기주도 학습이 맞습니다.

메타인지 학습은 나의 강점과 약점을 알고 공부하는 것입니다. 자기 스스로를 볼 수 있는 능력을 지녀서 '내가 무엇을 알고 무엇을 모르는지'를 안다는 개념이지요. 메타인지가 잘 안 되어 있으면 잘하는 것만 계속합니다. 부족한 부분까지 골고루 개발해야 할 텐데, 당연히 비효율적이죠. 그러나 메타인지가 잘되면 내게 부족한 부분을 끌어올리고 잘하는 부분은 유지할 수 있게 됩니다. 이 과정이 바로 스스로 배운 내용을 요약하고 문제를 풀면서 이루어지는 것이지요.

지식을 배운 뒤 혼자 자습서를 펼쳐 문제를 푸는 과정이 복습으로서 의미가 있다면, 공인 시험을 보는 것은 자신의 위치를 파악하는 데 의미가 있습니다. 고등학교 1학년이 되어 전국 단위의 모의고사를 보기 전까지 아이들은 자기 수준을 완벽히 파악하기 어렵습니다. 그래서 공인 시험을 치르며 자신의 객관적 위치를 가늠해보는 것도 앞으로의 학습 계획을 세우는 데 도움이 됩니다. 올바른 한국어 사용 능력 여부를 측정하는 한국어능력시험, 청소년의 경제 이해력을 검증하는 주니어 테샛(TESAT) 등 공신력 있는 시험을 적극적으로 활용하세요.

4단계

반복 연습으로
실전 감각 깨우기

✿

195~196쪽 표는 교육부가 고시한 중학교 1~3학년 학습 내용입니다. 이 시기는 목적, 맥락, 주제, 유형 등을 고려한 다양한 국어 활동을 바탕으로 국어 교과의 기본 지식과 교과 역량을 갖추고, 자신의 국어 활동과 공동체의 국어 문화를 비판적으로 성찰하고 개선하는 태도를 기르는 것이 학습 목표입니다. 이에 따라 다양한 국어 활동을 반복 연습함으로써 자신의 수준을 확인하고 부족한 부분을 보완하며, 시험으로서 국어에 적응하는 학습이 이루어져야 합니다.

초등 국어 뿌리 공부법

시기 중학교 1∼3학년
핵심 학습 깊게 읽고 요약하고 문제를 푼다.

중학교 1∼3학년 학습 내용

듣기·말하기	• 듣기·말하기는 의미 공유의 과정임을 이해하고 듣기·말하기 활동을 한다. • 상대의 감정에 공감하며 적절하게 반응하는 대화를 나눈다. • 목적에 맞게 질문을 준비하여 면담한다. • 토의에서 의견을 교환하여 합리적으로 문제를 해결한다. • 토론에서 타당한 근거를 들어 논박한다. • 청중의 관심과 요구를 고려하여 말한다. • 여러 사람 앞에서 말할 때 부딪히는 어려움에 효과적으로 대처한다. • 핵심 정보가 잘 드러나도록 내용을 구성하여 발표한다. • 설득 전략을 비판적으로 분석하며 듣는다. • 내용의 타당성을 판단하며 듣는다. • 매체 자료의 효과를 판단하며 듣는다. • 언어폭력의 문제점을 인식하고 상대를 배려하며 말하는 태도를 지닌다.
읽기	• 읽기는 글에 나타난 정보와 독자의 배경지식을 활용하여 문제를 해결하는 과정임을 이해하고 글을 읽는다. • 독자의 배경지식, 읽기 맥락 등을 활용하여 글의 내용을 예측한다. • 읽기 목적이나 글의 특성을 고려하여 글 내용을 요약한다. • 글에 사용된 다양한 설명 방법을 파악하며 읽는다. • 글에 사용된 다양한 논증 방법을 파악하며 읽는다. • 동일한 화제를 다룬 여러 글을 읽으며 관점과 형식의 차이를 파악한다. • 매체에 드러난 다양한 표현 방법과 의도를 평가하며 읽는다. • 도서관이나 인터넷에서 관련 자료를 찾아 참고하면서 한 편의 글을 읽는다. • 자신의 읽기 과정을 점검하고 효과적으로 조정하며 읽는다. • 읽기의 가치와 중요성을 깨닫고 읽기를 생활화하는 태도를 지닌다.

쓰기	<ul><li>쓰기는 주제, 목적, 독자, 매체 등을 고려한 문제 해결 과정임을 이해하고 글을 쓴다.</li><li>대상의 특성에 맞는 설명 방법을 사용하여 글을 쓴다.</li><li>관찰, 조사, 실험의 절차와 결과가 드러나게 글을 쓴다.</li><li>주장하는 내용에 맞게 타당한 근거를 들어 글을 쓴다.</li><li>자신의 삶과 경험을 바탕으로 하여 독자에게 감동이나 즐거움을 주는 글을 쓴다.</li><li>다양한 자료에서 내용을 선정하여 통일성을 갖춘 글을 쓴다.</li><li>생각이나 느낌, 경험을 드러내는 다양한 표현을 활용하여 글을 쓴다.</li><li>영상이나 인터넷 등의 매체 특성을 고려하여 생각이나 느낌, 경험을 표현한다.</li><li>고쳐쓰기의 일반 원리를 고려하여 글을 고쳐 쓴다.</li><li>쓰기 윤리를 지키며 글을 쓰는 태도를 지닌다.</li></ul>
문법	<ul><li>언어의 본질에 대한 이해를 바탕으로 하여 국어생활을 한다.</li><li>음운의 체계를 알고 그 특성을 이해한다.</li><li>단어를 정확하게 발음하고 표기한다.</li><li>품사의 종류를 알고 그 특성을 이해한다.</li><li>어휘의 체계와 양상을 탐구하고 활용한다.</li><li>문장의 짜임과 양상을 탐구하고 활용한다.</li><li>담화의 개념과 특성을 이해한다.</li><li>한글의 창제 원리를 이해한다.</li><li>통일 시대의 국어에 관심을 가지는 태도를 지닌다.</li></ul>
문학	<ul><li>문학은 심미적 체험을 바탕으로 한 다양한 소통 활동임을 알고 문학 활동을 한다.</li><li>비유와 상징의 표현 효과를 바탕으로 작품을 수용하고 생산한다.</li><li>갈등의 진행과 해결 과정에 유의하며 작품을 감상한다.</li><li>작품에서 보는 이나 말하는 이의 관점에 주목하여 작품을 수용한다.</li><li>작품이 창작된 사회·문화적 배경을 바탕으로 작품을 이해한다.</li><li>과거의 삶이 반영된 작품을 오늘날의 삶에 비추어 감상한다.</li><li>근거의 차이에 따른 다양한 해석을 비교하며 작품을 감상한다.</li><li>재구성된 작품을 원작과 비교하고, 변화 양상을 파악하며 감상한다.</li><li>자신의 가치 있는 경험을 개성적인 발상과 표현으로 형상화한다.</li><li>인간의 성장을 다룬 작품을 읽으며 삶을 성찰하는 태도를 지닌다.</li></ul>

중1, 아이의 진짜 실력이 판가름 난다

❋

인생을 살면서 결정적으로 중요한 순간들이 몇 번 있습니다. 수능을 볼 때, 첫 회사 면접을 볼 때…. 앞으로의 삶을 결정하는 순간이 되면 그 전에 내가 얼마큼 단단히 준비했는지에 따라 자신감의 수준이 달라집니다. 스스로 생각했을 때 부족함 없이 준비했다면 당당하게 제 실력을 펼칠 것이고, 그렇지 않다면 불안한 마음에 초조해지겠지요.

수능에 초점을 맞춰 생각해보면, 우리 아이가 앞으로 순탄하게 공부해서 수능에서 만족할 만한 결과를 얻을 수 있을지 없을지를 결정하는 중요한 순간은 초등 6학년에서 중1이 되는 때입니다. 초등학생 시절에 국어 뿌리를 튼튼히 내린 아이는 확 바뀌는 중학교 수업 체제와 학습 난도에 금방 적응하고 잘 대처합니다. 하지만 그렇지 않은 아이는 확 늘어난 지식의 양과 높아진 난도에 덜컥 겁부터 먹고 공부에서 물러나게 되지요.

만일 자녀의 국어 체력이 아직 단단히 뿌리내리지 못했더라도 아직은 기회가 있습니다. 중학교에 입학하기 직전 겨울부터 집중해서 국어를 공부하면 상당히 많은 것을 얻을 수 있습니다. 이렇게 말씀드리는 이유는 두 가지입니다.

첫째, 초등학교 6학년부터 중학교 1학년까지는 형식적 조작기여서 추상적·구체적 사고력이 집중적으로 발달합니다. 그래서 학습할 수 있는 양이 이전보다 훨씬 늘어나고 깊이도 더 심화됩니다. 학습 지구력도 커져서 더 오랜 시간 책상 앞에 앉아 있어도 집중력이 덜 흐트러지지요. 어려운 글을 접해도 지레 포기하고 도망가기보다는 일단 한 문장이라도 읽을 수 있는 힘이 생깁니다. 따라서 이 시기만 잘 활용해도 또래보다 수업 내용을 잘 이해하고 집중하는 학습 태도를 지닐 수 있습니다. 부족했던 독해력도 보강할 수 있고요.

둘째, 우리나라의 교육제도에서는 초등학교 때까지 학습 태도를 포함한 전반적인 성취도를 평가하고, 중학교 2학년 때부터는 그 성취도를 수치화하여 성적표로 알려줍니다. 그 사이에 있는 중학교 1학년 때는 자유 학기로 시험을 치르지 않습니다. 초등학생 때보다 학습량은 폭발적으로 늘어났고, 난도도 대폭 상승했는데 이를 자녀가 잘 받아들였는지를 판단할 객관적 지표가 없는 겁니다.

그래서 자녀만 믿고, 또는 사교육만 믿고 중1을 흘려보냈다가 2학년이 되자마자 충격의 성적표를 받게 되는 일이 종종 벌어집니다. 초등학교 때는 '아주 잘함'이 가득한 성적을 받아 오던 우리 아이가 중학교 2학년부터는 성취도 A를 받지 못하는 겁니다. 아이도 부모님도 함께 당황하지만 해결책을 찾지 못하고 전전긍긍하게 되지요.

그런데 이것은 예정된 일이었습니다. 슬프게도 아이의 성적이 갑자기 곤두박질친 게 아니라는 겁니다. 학부모님의 실수로 자녀의 학습 계획이 망가진 것도 결코 아닙니다. 원래 초등학교에서는 그냥 잘해도 아주 잘한다고 해줬기에, 그것만 곧이곧대로만 믿고 얼마큼 잘하는 아이인지 파악하지 못한 것이 잘못이라면 잘못입니다.

중학교 1학년 때부터라도 국어, 영어, 수학의 균형을 찾아주어야 합니다. 언제나 이 세 과목은 공부의 핵심입니다. 영수가 아니고 '국영수'입니다. 첫 시험, 첫 성적표를 보고 공부에 대한 자신감이 떨어지지 않으려면 결국 중1 자유 학기 때 국어 체력을 완벽히 다져두어야 합니다.

중1 국어 학습 - 문법과 시 암기

❋

중학교 1학년부터는 국어 교과서에 체계적인 문법이 실리기 시작합니다. 초등학교 때까지의 문법 수준보다 난도가 훌쩍 올라가지요. 문법은 아무래도 외워야 할 것이 많습니다. 일상언어를 쓸 때 자연스럽게 문법에 따라 말하고 글을 쓰기도 하지만, 그것을 개념적으로 풀어 설명하고 원리를 이해하려면 어느 정도 규칙을 암기해두는 일도 필요합니다.

그러면 국어 문법 공부는 어떻게 시작하고 마무리 지어야 할까요? 이에 대한 해결책은 영어 문법을 어떻게 공부했는지를 떠올리면 찾을 수 있습니다. 영어 교과서에서 단원마다 영문법을 공부하긴 하지만, 대부분은 영문법 책을 따로 사서 여러 번 살펴보면서 공부합니다. 국어 문법 공부도 이와 마찬가지로, 중학교 1학년 수준에 맞는 국어 문법책을 활용하여 책에 담긴 내용이 익숙해질 때까지 반복하여 읽습니다.

결국 수능 국어 공부는 고3 마지막 시기에 비문학 독서 영역에 집중할 수 있도록 나머지 영역을 미리 끝내놓는 전략이 최선입니다. 이러한 시험 국어의 학습 계획은 중학교 1학년 때 국어 문법책을 활용한 학습부터 시작됩니다. 첫걸음부터 탄탄한 국어 뿌리를 내리도록 문법 공부를 소홀히 하지 말아야 합니다.

더불어 중1 시기에 해두어야 할 국어 학습에는 시 암기가 있습니다. 저는 중학교 1학년 학생들에게 중학교 3년 동안의 국어 교과서에 나오는 시를 모두 찾아서 외우도록 권합니다. 본인이 다니는 학교에서 채택한 교과서뿐 아니라, 여러 출판사에서 출간되는 국어 교과서를 모두 살펴보면서 다양한 시를 읽고 외우는 겁니다.

시 암기는 내신 국어 시험을 미리 대비하는 효과가 있습니다. 그뿐만 아니라 앞으로 치를 모의고사와 수능에 암기한 시가 출제될 수도 있지요. 그리고 교과서에 수록된 시들은 해당 작가의 대표적인 작품으로서 직유법, 은유법, 역설법, 반어법 등 다양한 표현법을 익

초등 국어 뿌리 공부법

히는 데도 유용합니다.

202쪽 자료는 저희 연구소에서 정리한 시 100선 목록이니, 어떤 작품을 암기해야 할지 고민된다면 참고하세요.

중2, 내신과 수능 국어를 병행한다

❄

중학교 1학년까지의 평화로운 시절이 지나가면 이제부터는 그야말로 정글 같은 입시 세계가 펼쳐집니다. 중간고사와 기말고사를 치르며 자녀의 전 과목 실력 성적으로 수치화돼 나타나기 때문입니다. 성적이 반드시 실력과 일치하지는 않더라도 성적을 잘 받으면 공부 자신감이 생기고 그렇지 않으면 많이 힘들어지기도 합니다.

지금까지 제가 말씀드린 대로 초등학생 때부터 단계를 밟으며 꾸준히 국어를 공부해왔다면, 공부에 자신감을 얻고 매우 높은 수준의 국어 체력을 갖추었을 겁니다. 이렇게 튼튼해진 국어 뿌리가 전 과목에 자양분이 되고 굵직한 줄기로 뻗어나간 아이들은 중2가 되면 전 과목 고득점이라는 열매를 맺게 되지요. 공부도 쉽고 재미있어지고요.

다른 친구들이 내신 국어와 시험 국어를 접하면서 헛발질하는 동안 튼튼한 국어 뿌리를 내린 아이들은 여유롭게 내신 국어와 수능

민성원 연구소 시 100선 목록

001 기미독립선언서
002 기형도_엄마 걱정
003 김광규_동서남북
004 김광규_묘비명
005 김광섭_성북동 비둘기
006 김광섭_저녁에
007 김규동_두만강
008 김기림_바다와 나비
009 김동명_내 마음은
010 김상옥_문패
011 김소월_가는 길
012 김소월_먼 후일
013 김소월_접동새
014 김소월_진달래꽃
015 김소월_초혼
016 김수영_풀
017 김영랑_돌담에 속삭이는 햇발
018 김용택_농부와 시인
019 김용택_밤편지
020 김종길_바다로 간 나비
021 김종길_성탄제
022 김종삼_묵화
023 나희덕_귀뚜라미
024 노천명_사슴
025 도종환_담쟁이
026 도종환_어떤 마을
027 도종환_흔들리며 피는 꽃
028 맹사성_강호사시가(연시조)
029 무왕(서동)_서동요(향가)
030 박두진_하늘
031 박두진_해
032 박목월_물새알 산새알
033 박목월_바람
034 박목월_불국사
035 박목월_사투리

036 박목월_산도화
037 박목월_나그네
038 박목월_청노루
039 박용래_겨울밤
040 박인로_누항사
041 박재삼_추수의 노래
042 박화목_38도선
043 백석_고향
044 백석_산비
045 백석_수라
046 백석_여승
047 백석_여우난 곬족
048 서정주_견우의 노래
049 신경림_가난한 사랑 노래
050 신경림_동해바다-후포에서
051 신동엽_봄은
052 신동엽_새해 새 아침은
053 신석정_꽃덤불
054 신석정_슬픈 구도
055 신흠_노래 삼긴 사람~(시조)
056 심훈_그날이 오면
057 안도현_연탄 한 장
058 안도현_스며드는 것
059 안도현_제비꽃에 대하여
060 오규원_내가 꽃으로 핀다면
061 유리왕_황조가(고대가요)
062 윤동주_별 헤는 밤
063 윤동주_서시
064 윤동주_아우의 인상화
065 윤동주_오줌싸개 지도
066 윤동주_자화상
067 윤동주_해바라기 얼굴
068 윤선도_오우가(연시조)
069 을지문덕_여수장우중문시(한시)
070 이개_방 안에 혓는 촛불~(시조)

071 이방원/정몽주_하여가/단심가
072 이시영_마음의 고향6-초설
073 이용악_꽃가루 속에
074 이육사_광야
075 이육사_교목
076 이육사_절정
077 이육사_청포도
078 이형기_낙화
079 작자미상_가시리(고려가요)
080 작자미상_개를 여라믄이나 기르
되~(사설시조)
081 작자미상_두터비 파리를 물고
082 전봉건_피아노
083 정일근_어머니의 그릇
084 정지용_춘설
085 정지용_해바라기씨
08 정지용_향수
087 정철_관동별곡(가사)
088 정현종_나무에 깃들여
089 정호승_슬픔이 기쁨에게
090 조병화_해마다 봄이 되면
091 천양희_이른 봄의 시
092 최두석_사람들 사이에 꽃이 필 때
093 한용운_나룻배와 행인
094 한용운_복종
095 한용운_사랑하는 까닭
096 한용운_임의 침묵
097 허난설헌_규원가(가사)
098 허영자_행복
099 황진이_동짓달 기나긴 밤을~(시조)
100 훈민정음언해

초등 국어 뿌리 공부법

국어를 동시에 대비할 수 있습니다. 기본적인 언어 사고력과 독해력도 확보돼 고등학생들이 보는 수능 국어 문제도 완벽하진 않더라도 풀고 해답을 이해할 수 있습니다. 내신과 수능 모두에서 자신감이 쌓이고 불안감이 줄어드는 겁니다. 그래서 저는 중2 시기를 '1차 추수기'라고 생각합니다. 그동안 공부한 것을 처음 거두는 시기입니다.

이 시기에는 수능 국어 공부를 위해 일주일에 4시간 정도를 할애하는 게 좋습니다. 교재는 모든 국어 영역이 담긴 통합 교과서 형태의 자습서를 기본으로 하여 어휘 책, 문법책, 비문학 독서용 책을 부교재로 함께 봅니다. 구체적으로 시간을 나누자면 통합 교과서 1시간, 문법 1시간, 어휘와 비문학을 합쳐서 1시간으로 잡는 것이 기본입니다. 이렇게 공부하다가 약한 부분이 드러나면 그 부분을 보완하는 데 1시간을 할애하면 됩니다.

사실 중학교 내신 성적은 대학 입시에 반영되지 않지요. 그럼에도 중학교 내신 성적을 잘 받는다는 것은 상당히 의미 있는 일입니다. 중간고사나 기말고사를 잘 준비해서 좋은 결과를 만들어내는 경험은 하나의 프로젝트를 수행하는 것과 같습니다. 10대 아이가 프로젝트의 처음과 끝을 스스로 책임지고 마무리하는 경험을 하기는 쉽지 않습니다. 그렇다고 해서 구태여 학교에서 배우는 국어 시험을 위해 국어 내신 전문 학원까지 가는 것은 권하고 싶지 않습니다. 내신 국어는 수업 시간에 집중해서 듣고 잘 필기해서 시험을 치면 됩니다. 학원을 많이 다니면 스스로 공부할 시간이 부족해지기 마련입니다. 학원은 혼자서 하기 까다로운 공부가 있을 때 도움을 받는 것이 바람직합니다.

따라서 중2 때부터 학교 시험 국어를 성실히 준비하는 것은 좋은 공부 습관을 들이는 데도 좋습니다. 내신 성적만큼은 스스로 학습 계획을 짜고 학교 수업을 잘 들으면서 시험이 다가오면 시험 계획을 수립하고 좋은 결과를 맞이하는 것이 최선입니다. 교육열이 높은 지역에서는 중학교 2학년 때부터 국어를 포함한 전 과목 내신을 대비해서 내신 대비 학원을 다니는 경우가 많은데요. 그 효용성에는 다소 의문이 듭니다.

내신 전문 학원을 다녀 만들어진 공부 습관으로는 고등학교 때 내신 성적과 수능 시험 모두를 준비하기 쉽지 않습니다. 고등학교 때는 그야말로 혼자 공부하는 시간이 많아야 하는데 내신마저 학원에 의지하다가는 수능형 공부는 고등학교 3학년이나 되어야 겨우 시작할 수 있습니다.

세계적으로 존경받은 리더십 권위자였던 스티븐 코비는 그의 저서 『성공하는 사람들의 7가지 습관』에서, 성공하는 사람은 우선 중요하고 급한 일을 하고 중요하지만 급하지 않은 일을 두 번째로 한다고 했습니다. 학생의 시점에서 생각할 때, 학교에서 국어 수업을 열심히 듣고 학교 시험을 준비하는 것은 중요하고 급한 일이어서 공부를 열심히 하는 학생들은 누구나 하는 일입니다. 그런데 수능을 준비하는 일은 당장은 급하지 않지만 사실 10대의 공부에서 가장 중요한 부분입니다. 따라서 남들이 급하고 중요한 일만 할 때 급하지 않지만 중요한 일을 동시에 준비하는 아이가 성공한다는 건 자명한 일입니다.

중2 국어 학습 – 고1 모의고사로
자기 수준 파악

❋

서울 강남의 한 공립 중학교에 다니는 지은이는 웩슬러 검사에서 언어지능이 전국 상위 0.1%에 해당할 만큼 매우 높은 언어 능력을 지닌 학생입니다. 초등학교 6학년부터 중학교 2학년인 현재까지 저희 연구소에서 약 3년째 주말에 한 번 국어 수업을 듣고 있지요. 지은이는 시험삼아 치른 2019학년도, 2020학년도 수능에서 만점에 가까운 점수를 얻었는데요. 놀랍게도 학교 국어 수업 외에는 제 국어 수업만 성실하게 듣는 모범생입니다. 물론 지은이의 국어 실력이 처음부터 이 정도로 높았던 것은 아닙니다.

지은이는 지능이 우수하여 유아 때부터 외국어를 쉽게 습득했고, 독서량도 매우 많았습니다. 책을 너무 좋아해서 초등 시절에 이미 영어책과 국어책을 각각 2000권 이상 읽었고, 길고 어려운 책도 또래보다 무난하게 읽었습니다. 또한 지은이는 수학 영재로, 수학경시 대회에 출전해서 여러 번 수상했고 수학 분야 교육청 영재, 대학 부설 수학 영재과정을 수료했습니다.

저와 공부를 시작한 지 약 한 달이 지난 2017년 7월, 지은이는 태어나서 처음으로 고1 모의고사를 봤습니다. 결과는 국어 영역 86점, 2등급으로 비문학과 문법에서 오답이 나왔지요. 지은이의 말을 들어보니 긴 비문학 지문을 읽는 것이 힘들었고, 문법은 문제 자체를 이해할 수가 없었다고 합니다.

그 후에도 지은이는 한 달에 한 번씩 정기적으로 모의고사를 봤습니다. 결과는 문제 난도에 따라 1~3등급 사이에서 왔다갔다 했지요. 그 후 지은이와 교육 상담을 진행하면서 영재고와 서울대 공대 입학을 위해 한국수학올림피아드를 준비하던 것을 그만두고 서울대 의대로 목표를 바꾸었습니다.

이전에 비해 상대적으로 시간이 많아지자 양질의 독서 시간이 확보되었습니다. 이 틈을 타 인문사회 등 다양한 분야의 독서 균형을 찾아갔습니다. 한국어능력시험에 도전하고 비문학 문제를 많이 풀어보며 한 달에 한 번 이상 모의고사를 꾸준히 치르면서, 지은이는 수학 공부에 몰입하는 동안 딱딱하게 굳어졌던 사고방식이 유연해지고 논리적 문제 해결력이 많이 상승했습니다. 처음에는 횡하기만 했던 모의고사 시험지에도 어느새 문단과 글 구조를 분석하며 읽은 흔적이 채워지기 시작했습니다. 즉, 감으로 풀던 방식이 실력으로 푸는 방식으로 바뀐 겁니다.

저는 지은이에게 중등 교재를 활용한 내신 수업과 수능 어휘 수업, 시 암기 활동, 비문학 분석 학습, 실전 모의고사 학습을 지도했습니다. 그 결과 소폭 상승과 하락을 반복하던 모의고사 국어 등급이 이제는 안정적으로 1등급 또는 2등급 초반의 실력으로 안정화되었습니다.

학교에서 국어 성적이 90점 이상이 나오는 학생이고 체계적으로 국어 체력을 길러온 학생이라면 월 1회 정도 5년 분량의 고등학교 1학년 3월 모의고사를 풀어보는 게 좋습니다.

고등학교 1학년 모의고사는 고등학교에 올라가자마자 보는 시험입니다. 중학교 3학년 전 과정을 잘 이수했는지를 평가하는 것으로, 난도가 아주 높지도 않지요. 다만 지금까지 봤던 시험과 형식적으로 판이하게 달라 그 부분에서 아이가 충격에 빠질 수도 있습니다. 그래서 중2부터 고1 모의고사를 연습 삼아 풀어보기 시작해야 합니다. 고1 모의고사를 정기적으로 풀어보면서 미리 모의고사 형식에 적응할 수 있습니다.

중학생 때부터 고1 국어 모의고사를 풀어보면 현재 고등학교 1학년 학생들의 국어 실력과 자신의 현재 국어 실력을 객관적으로 비교할 수 있어 좋습니다. 그리고 도출된 성적을 바탕으로 2년 뒤 자신이 받게 될 고1 국어 모의고사 성적을 가늠할 수 있지요. 어떤 영역이 유독 약한지, 잘한다고 생각했는데 자주 실수하는 건 어느 영역인지 자료가 남습니다. 이 데이터는 자녀의 향후 국어 학습 계획을 세우는 데에는 물론, 다른 과목을 공부할 때도 도움이 됩니다.

중3, 국어 체력의 뿌리가 완성된다

❋

중학교 3학년 아이들을 만나면 많이 듣는 이야기가 있습니다.

"고등학교 올라가서 열심히 할 거예요, 선생님."

까놓은 달걀같이 귀여운 아이들의 얼굴을 보면서 차마 말하지 못했지만, 사실은 저는 이런 답을 주고 싶습니다.

"고등학교 가서가 아니라 지금이라도 공부를 시작해야 한단다."

왜냐고요? 생각해보세요. 여러분의 자녀도 중3이 되어서 "고등학교 가면 팡팡 놀 거예요!"라고 할까요? 당연히 고등학교에 가면 진짜 수험생이니까 그때부터 본격적으로 공부하겠다고 말할 겁니다. 이건 모든 중학생이 똑같이 하는 말이에요. 고등학교 때 꾸준히 1등급을 받는 학생들은 이미 실력이 궤도에 올라있고 공부 습관도 좋은 아이들입니다. 중학생 때까지 체계적으로 공부하지 않은 학생이 고등학교에 가서 뒤늦게 공부를 시작한다면 3등급까지는 올릴 수 있어도 꾸준히 1등급을 따내기는 쉽지 않습니다. 많은 선수가 아무리 열심히 훈련해도 우사인 볼트를 쉽게 이길 수 없는 것처럼요.

그럼 그동안 열심히 공부하지 않았던 중학교 3학년은 희망이 없다는 걸까요? 어릴 때 책을 많이 안 읽고 어휘 공부도 안 하고, 독해력도 없는 것 같은 자녀가 국어 체력을 뿌리내리는 일은 정말 불가능할까요? 그렇지 않습니다. 희망이 없다기보다 마지막 기회라고 말하고 싶습니다. 이와 관련하여 제가 만났던 한 학생의 사례를 소개해드리겠습니다.

서울의 어느 국제중학교에 다니고 있던 현주는 글쓰기를 즐기는 여학생이었습니다. 하지만 시험으로서 국어 공부는 중3 때, 저희 연구소에서 진단검사를 받고부터 시작했지요. 그래서일까요? 시험 삼아 본 첫 고1 모의고사에서는 4등급을 받아 부모님은 물론 본인도 실망했습니다. 평소 책 읽기를 즐기며 글도 잘 써서 각종 대회에서 수상도 했던 터라 실망감은 더 컸지요.

저는 그런 현주에게 문학작품을 정말 작품으로서 즐기는 것과 시험에서 문제로서 만나는 것은 별개라고 알려주었습니다. 그리고 현주가 그동안 가지고 있던 국어 실력에 대한 자신감을 잃지 않으면서 모의고사 실력이 향상되도록 학습 계획을 세워 지도했습니다.

매주 1회 4시간 동안 진행되는 수업에서 주기적으로 모의고사를 보며 문제 유형과 실전 감각을 숙지할 수 있도록 이끌었습니다. 그리고 모든 수업에서 배우는 내용을 확실히 암기하게 했습니다. 그 결과 현주의 국어 실력은 차근차근 올라갔고, 주요 개념어 숙지도 완성되어갔으며, 성적도 향상되기 시작했습니다.

결국 현주는 진학을 희망했던 Y자사고에 우수한 성적으로 입학했고, 지금은 모든 모의고사 국어 1등급이라는 만족스러운 성적을 받고 있습니다. 만약 고등학생이 되어 국어 뿌리의 문제를 깨닫고 체계적인 공부를 시작했다면 맛볼 수 없을 결과지요.

중3 국어 학습 – 비문학 독서 집중과 고전문학·문법 심화

❋

중학교 3학년이라면 1년 뒤에는 고등학생이 됩니다. 드디어 전국 단위에서 자신의 국어 실력이 어디쯤인지 알게 되지요. 그 충격에 놀라는 일이 없도록, 중2 때 정기 모의고사 풀기를 시작해 중3 때도 유지하는 것이 좋습니다.

특히 비문학 독서에서 높은 점수를 받기 위한 준비를 시작해야 합니다. 모의고사나 수능에서 상위권을 결정하는 핵심이 문법과 비문학 독서라는 사실은 앞에서 충분히 강조했습니다. 화법과 작문, 문학은 학교 공부와 중간고사와 기말고사를 꾸준히 준비하면서 대비할 수 있지만, 비문학 독서는 별도의 계획을 세우고 준비해야 하지요.

중학교 3학년 국어 공부의 목적지는 일단 고등학교 1학년 첫 중간고사와 모의고사 준비에 두면 좋습니다. 고1 모의고사에 출제되었던 비문학 독서 문제만 모아놓은 문제집을 풀고 해설을 읽으면서, 교과서에 실리지 않은 글을 읽는 연습을 합니다. 글의 난도가 급상승하여 처음에는 힘들어하더라도 곧 받아들이니 공부를 지속해주세요.

중3 때는 하루에 한 지문 정도를 풀어보고 해설을 읽는 것으로도 충분합니다. 처음에는 시간에 제한을 두지 않고 천천히 문제를 풀고, 정답을 맞힌 문제와 틀린 문제 모두 해설지를 꼼꼼히 살펴보는 습관이 중요합니다. 문제집 한 권을 다 풀고 나면 조금 더 난도가 높은 문제를 풉니다. 문제의 수준이 높아져도 이미 교과서 밖의 지문을 읽는 데 익숙해진 아이들은 거뜬히 풀 수 있습니다. 이 과정을 통해 어느새 국어 체력은 한 칸 한 칸 올라가게 됩니다.

비문학 독서에 집중하면서 짬짬이 문법과 고전문학도 접해야 합니다. 범위가 없는 국어 영역이지만 그중에서 문법과 고전문학 영역의 시험 범위는 정해져 있지요. 제가 제시한 국어 뿌리 5단계 공부법대로 공부해왔다면, 문법은 중1이 되면서부터 좀 더 집중해 공부했고 문학은 초등학생 때부터 몸으로 익혀왔습니다. 국어 체력이 잘 뿌리내린 경우라면 이제 두 분야를 좀 더 심화하면 좋습니다.

중3 때부터는 전에 보던 문법책보다 조금 더 어려운 책을 골라 풀어야 합니다. 저는 중3 아이들의 국어 수업에 좋은책신사고에서 출간하는 『오감도 문법편』을 활용합니다. 처음에는 이 책을 서너 번 반복해 읽고 문제를 풀면서 학교 시험과 수능을 동시에 대비합니다. 다소 쉬운 책으로 시작한 아이도 중3 때부터는 문법 지식 설명이 충실하고 두꺼운 책으로 공부하는 것이 좋습니다. 그리고 수능 전까지 쭉 반복해서 볼 수 있는 책을 정하는 게 가장 효과적입니다. 국어문법 기출문제집을 함께 푼다면 문법에 더욱 자신감이 생길 겁니다.

고전문학은 고전문법을 포함하여 작품 수가 많지 않아서 대표적인 작품들을 시대순으로 공부하면 대부분 응용할 수 있습니다. 중학교에 실린 작품부터 시작해서 작품 수를 늘려가면 됩니다. 그리고 고전문학을 공부할 때는 낯설고 의미를 잘 알 수 없는 고전 어휘를 반드시 정리하면서 공부해야 나중에 단어를 몰라 작품을 읽지 못하는 일이 생기지 않습니다.

시험으로 매듭짓기

시기 **고등학교 1~3학년**
핵심 학습 **비문학 배경지식을 확장하고 수능과 친해진다**

마음이 급하더라도 차근차근

❄

초등 저학년 때 올바른 읽기와 쓰기, 말하기를 실력을 닦고 중학년 때 다양하게 읽으며 어휘를 늘렸으며, 고학년 때 깊게 읽고 요약하기를 성실히 연마한 뒤 중학교 내내 문법과 비문학 독서를 심화한 아이라면, 고등학생이 되어 국어 체력이 아주 튼튼히 뿌리내렸을 겁

니다. 어떤 글을 만나든, 무슨 과목의 문제집을 풀든 튼튼한 뿌리가 지탱해주기 때문에 흔들리지 않고 공부를 잘했을 테지요. 그리고 훌륭한 중학교 내신 성적을 바탕으로 하여, 고등학생이 되어 처음 본 모의고사에서도 높은 국어 성적을 받았을 겁니다. 국어 체력을 통해 획득한 언어 사고력과 독해력, 이해력, 추론 능력이 바탕이 되어 새로운 지식을 무리 없이 받아들였겠지요. 그뿐만 아니라 배경지식을 넓히기 위해 읽었던 다양한 책과 읽을거리로 상식도 풍부해져서 지식 간의 통합적 사고도 잘 이루어졌을 겁니다.

중3까지 완성한 국어 체력이 엄청난 자신감을 가져다주었으니 이제 그 여정의 끝을 더욱 확실히 마무리해야겠지요. 고1이 되어서는 1등급 유지 또는 달성에 목표를 두고 조금 더 심화된 비문학 독서를 공부해야 합니다. 모의고사 국어에서 1등급을 받았다고 안심할 것이 아니라, 지금까지 해온 공부 방식을 유지하면서 비문학 독서 영역 공부를 더욱더 심화합니다. '이런 글까지 출제될까?', '이런 문제가 나올까?' 싶은 정도로 어려운 글도 읽고 문제를 풀어보며 실전에서 당황하지 않을 배포를 키웁니다.

물론 학교 국어 공부도 병행해야 합니다. 고등학생이 되어서도 국어 수업 시간에는 늘 충실하며 내실을 기해야 합니다. 학교 국어 수업은 내신과 수능을 동시에 준비해줍니다. 고등학교에 진학해 내신 성적이 잘 나오지 않으면 수시는 포기하고 정시에 집중하겠다는 계획을 세우는 경우가 있습니다. 잘만 하면 이것도 하나의 입시 전략입니다. 하지만 제일 좋은 방법은 수시와 정시 일석이조를 잡는 것이지요. 물론 안타깝게도 어설프게 둘 다 잡으려다 모두 놓치는 경우가 대부분입니다.

입시 전략은 상대를 미리 알고 앞서 세우는 것이 월등히 유리합니다. 다만 합리적이고 체계적으로 전략을 세우고 실행해야 합니다. 무조건 할 수 있다는 마음만으로 전략을 세웠다가는 시간이 흐르고 나서 뒤늦게 만족스럽지 않은 결과를 만나게 됩니다.

수시를 포기하고 정시에 도전한다고 학교 공부는 다 포기하고 밤새도록 인터넷 강의를 듣다가 학교에서는 쿨쿨 조는 경우도 있습니다. 학교 국어 공부를 하면서 수능에도 도움을 받을 수 있기 때문에 진도가 정해져 있는 수학에서는 이런 식으로 해도 효과를 볼 수 있을지 모르겠지만, 국어는 학교 수업을 충실히 듣는 것이 집에서 혼자 인터넷 강의를 듣는 것보다 훨씬 효과적입니다. 국어는 정해진 작품이 있고 진도라는 것이 없기 때문입니다. 그래서 저는 수시를 포기하고 정시에 도전하겠다는 학생의 입시 상담을 할 때 국어는 학교 수업에 더욱 더 충실하라고 조언합니다. 특히나 비문학 독서를 제외하고는 학교 국어 수업에서 대부분 해결할 수 있습니다.

아직 모의고사에서 국어 1등급을 받지 못한 아이라도 학년에 관계없이 앞의 단계서부터 여유를 지니고 차근차근 과정을 밟으면 됩니다. 마음이 급한 나머지 여기저기 단기 특강을 보내는 학부모님이 많은데, 그렇게 해서 어찌어찌 2~3등급은 받을 수 있어도 안정적인 1등급을 받기는 어렵습니다.

다만 고전과 문법 영역은 단기 특강으로 기초를 탄탄히 다지며 성적을 올릴 수 있으니, 단기 특강을 보내셔도 좋습니다. 이 두 영역 외에는 급할수록 기본에 충실하라는 격언을 새기시길 바랍니다.

최상위권의 비결, 결국 비문학이다

❋

안정적으로 1등급이 나오고 있는 고등학생 자녀라면 지금부터는 만점 굳히기가 필요합니다.

수능에서 국어의 난도가 높았다는 말은 비문학 독서 영역이 어렵게 출제되었다는 뜻입니다. 비문학 독서 영역이 무서운 이유는 한두 번 틀리지 않았다고 계속해서 틀리지 않는다는 보장이 없다는 데 있습니다. 비문학 독서 영역은 언제든 틀릴 수 있다고 생각해야 하지요. 의대나 상위권 대학 진학을 준비하는 학생들이 고3 생활 내내 혹시 틀릴지 모르는 고난도 수학 문제 3개를 푸는 데 오랜 시간을 들이는 것처럼, 국어에서도 고3 내내 혹시 틀릴지 모를 비문학 문제를 풀어봐야 합니다.

다만 비문학 독서의 출제 영역은 모든 분야에 걸쳐 있어서 이걸 다 공부하고 준비할 수 없습니다. 그렇게 시도하는 것도 비효율적이고요.

고등학생 때 효율적으로 비문학 독서를 공부하는 방법은 국어 1등급을 받아본 학생과 그렇지 않은 학생의 경우로 나누어 생각해야 합니다. 우선 이미 국어 1등급을 받아봤고 웬만하면 1등급을 꾸준히 받는 학생이라면 비문학 독서 영역의 최종 심화 학습을 거쳐야 합니다. 앞서 이야기한 것처럼, '이렇게 어려운 내용이 출제가 될까?' 싶은 글도 읽으며 기반을 더 다지는 겁니다. 반면, 아직 국어 1등급이 안정적으로 나오지 않는 학생이라면 다양한 글을 읽고 배경지식을 쌓아야 합니다.

비문학 독서 영역에서 과학 분야는 물리, 화학, 생물, 지구과학 등의 이론을 바탕으로 한 글을 읽고 해석하는 문제가 주로 출제됩니다. 이과를 선택한 자연계 학생이면 몰라도 인문계 학생이라면 이 네 분야의 배경지식을 키우겠다고 각각 다 공부하려면 버겁습니다. 같은 인문계 대학을 진학하려는 다른 학생들도 과학 영역을 구태여 공부하지 않기 때문에 경쟁적인 측면에서도 불리할 것이 없지요. 이공계를 지원하는 학생들도 학교에서 내신을 위해서든 수능을 위해서든 과학 과목을 모두 함께 공부하므로 이 영역을 따로 공부했다고 더욱더 유리해진다는 차별점도 없습니다 (다만 이공계를 지원하는 학생들 중에서 자신이 수능에서 선택하지 않는 사회 탐구 과목은 아예 손을 놓는 경우가 있는데 국어 비문학 독서 영역을 위해서라도 수업에 충실할 필요가 있습니다).

그러므로 너무 깊은 수준의 과학 배경지식까지 파고들 필요는 없습니다. 예술이나 기술에 관련된 것도 마찬가지입니다. 비문학 독서 영역에 출제되는 지문은 글의 분야가 무엇이든지 내용의 깊이가 아주 깊지는 않아서 배경지식이 없어도 읽어나갈 수 있는 수준이거든요. 글의 구조를 파악하고 추론하는 언어 사고력이 잘 갖춰진 학생이면 처음 본 내용이라도 제한 시간 내에 충분히 읽고 문제를 풀 수 있습니다.

그렇다면 이제 비문학 독서 영역의 배경지식을 위해서 공부해야 할 범위는 어느 정도 정해집니다. 문장의 구조를 파악하고 주제를 찾아내는 실력이 있더라도 무슨 뜻인지를 파악하기 힘든 영역의 배경지식을 공부해야겠지요.

경제학에서 사용되는 용어들은 일상언어에서는 사용하지 않는 것이 많습니다. 고등학교에서도 경제를 정규 과목으로 개설하지 않은 곳이 많지요. 220쪽에 제시한 최근 3년 동안의 수능 사회 탐구 영역 응시 비율을 보면 알 수 있듯이, 대부분의 인문계 학생은 수능 응시 과목으로 생활과 윤리, 사회·문화를 압도적으로 많이 선택하고 있습니다. 그래서 학생들이 경제 용어를 쉬이 접하기가 어렵습니다.

그런데 수능 비문학 독서 지문으로 가장 많이 출제되는 영역은 경제, 법과 정치, 철학, 언어와 논리학입니다. 과학 영역 또한 자주 출제되지만 국어 영역에서 출제된 문제로서의 과학이기 때문에 굳이 대학 교재 수준의 글은 아닙니다. 다행히 경제, 법과 정치, 철학, 언어와 논리학 등은 몇 권의 책을 읽고 공부하는 것으로도 충분히 대비가 가능합니다. 220쪽의 하단 자료는 비문학 독서 지문의 배경지식을 쌓는 방법으로 제가 추천하는 도서명과 학습법입니다.

이렇게 초등 저학년부터 중3 때까지 5단계에 걸쳐 공부한다면 학습에서 원하는 성과를 거둘 수 있습니다.

수능 사회 탐구 영역 응시 비율

순위	2018학년도 수능	2019학년도 수능	2020학년도 수능
1	생활과 윤리	생활과 윤리	생활과 윤리
2	사회·문화	사회·문화	사회·문화
3	한국지리	한국지리	한국지리
4	세계지리	세계지리	세계지리
5	윤리와 사상	윤리와 사상	윤리와 사상
6	법과 정치	법과 정치	동아시아사
7	동아시아사	동아시아사	법과 정치
8	세계사	세계사	세계사
9	경제	경제	경제

영역	도서명과 학습법
경제	『TESAT 트루노스 경제학』, 『맨큐의 경제학』을 읽으며 글과 그래프, 수식이 나오는 비문학 지문 대비하기
윤리와 사상	『EBS 수능특강 사회탐구영역 윤리와 사상』을 사회탐구영역 공부가 아닌 국어 배경지식을 위한 공부로서 읽기
법과 정치	『EBS 수능특강 사회탐구영역 법과 정치』를 사회탐구영역 공부가 아닌 국어 배경지식을 위한 공부로서 읽기
세계사	『EBS 수능특강 사회탐구영역 세계사』를 읽으며 법과 경제, 윤리와 사상을 제대로 이해하기 위한 바탕 만들기
법학	『민법총칙』, 『형법총론』을 살펴보며 대립되는 견해에서 답을 찾는 능력 기르기
철학	인터넷을 검색하여 요약본을 만들어 개념을 익히거나 인간과 세상을 이해하고 바라보는 여러 시각을 담은 『비트겐슈타인의 말』을 읽으며 배경지식 넓히기

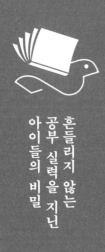

흔들리지 않는
공부 실력을 지닌
아이들의 비밀

4부

학부모님과 학생들이
가장 궁금해하는
국어 공부법 9문 9답

의대를 가기 위해서는
수학과 과학을
먼저 해야 하는 것 아닐까요?

❋

시대가 변했다고 하지만 진로 진학 상담을 하다 보면 의과대학을 희망하는 학생들이 지속적으로 늘어나고 있음을 실감합니다. 특히 부모님이 의사인 경우, 본인들의 직업을 자녀에게 물려주고자 하는 의지가 더 강해 보입니다. 그리고 덧붙여서 자신들이 의대에 입학했을 때는 이렇게까지 경쟁이 치열하지 않았는데 지금은 너무 치열해졌다고 하소연을 합니다. 요즘 같으면 본인들은 의대 못 갔다고 말씀하시면서요.

이렇게 의대 진학 경쟁이 치열해지다 보니 수학, 과학 학원을 중심으로 의대 입시를 위한 과학고, 영재고 준비반이 많이 생겼습니다. 이들 학원에서는 초등학교 때부터 수학올림피아드에 집중하라고 권하기도 하고, 화학과 물리 관련 시험에 도전하라고 조언하기도 하지요. 의대 진학을 위해서는 어떻게 학습 계획을 짜고 공부해야 할까요?

의대 입시를 위해서 반드시 과학고나 영재고에 진학해야 한다고 믿는 학부모님이 의외로 많습니다. 그러나 과학고나 영재고의 교과 과정은 오히려 의대 진학과 궁합이 맞지 않습니다. 그러므로 이들 학교에 입학하기 위해 수학올림피아드나 과학 심화 과정을 초중등 시기 집중적으로 공부하는 것은 오히려 의대 진학에 도움이 되지 않습니다. 게다가 이들 고등학교 진학 시험에서 다루는 수학은 일반 고등학교의 내신 수학과 달라서, 만일 영재고와 과학고 진학에 실패한다면 일반 고등학교에 가서 어려움을 겪게 됩니다. 입시제도를 제대로 이해하고 과목별 특성을 안다면 의대를 위한 학습 계획은 다르게 세워야 합니다.

실제로 저는 의대 진학을 목표로 교육 상담을 요청하는 학부모님께 수학과 과학에만 집중하지 말고 국어, 영어, 수학의 균형을 갖춘 학습 계획을 권장합니다. 그리고 과학고나 영재고를 통해 의대에 가려는 경우에는 충분히 논의하여 일반고에 진학하기를 추천해드립니다.

의대를 지망하는 아이가 국어 공부 시간을 늘리면 어떤 일이 생길까요? 일단 수능과 내신을 동시에 잡을 수 있습니다. 이 책에서 제안한 단계별 국어 공부처럼 체계적으로 국어 공부를 해왔다면 수업 내용을 제대로 이해하고 요약하며 문제도 잘 풀 줄 알 겁니다. 이렇게 튼튼한 국어의 힘으로 수시 지원에서 유리한 고지를 선점할 수 있지요. 그리고 수능에서도 수학과 과학만 죽어라 판 경쟁 의대 지망생이 국어 비문학 독서에서 틀릴 가능성이 높은 반면, 국어 공부를 체계적으로 해온 아이는 수월하게 풀지요. 좀 더 안전하게 국어 1등급을 차지할 수 있습니다.

"그럼 국어를 공부하는 동안 다른 아이들은 이미 수학, 과학을 당겨서 다 끝내 놓잖아요. 우리 아이는 결국 수학, 과학을 따라잡지 못하고 수능을 보게 되는 거 아닌가요?"

제가 국어 공부를 학습 계획에 넣으면 많은 학부모님이 이렇게 물어보십니다. 초조한 마음은 이해합니다. 하지만 1부에서 말씀드린 바와 같이, 국어 실력은 하방경직성이 있습니다. 초등학생 때부터 단계를 따라 난이도를 올리고 영역을 넓히며 국어를 공부하면 중3쯤에 고등학교 국어 모의고사를 풀 정도의 실력을 갖추게 됩니다. 그리고 이렇게 한번 갖춰진 국어 실력은 쉽게 떨어지지 않지요. 이런 과목 특성상, 어릴 때 국어를 공부한 아이가 고등학교에 가서 수학, 과학에 시간을 투자해도 그동안 국어 실력은 어느 정도 유지됩니다. 반면 수학과 과학은 일정 수준에 오르기도 힘들지만, 최고의 수준에 올랐다고 하더라도 공부 시간이 적어지거나 꾸준히 하지 않으면 성적이 하락하는 과목입니다. 그래서 고등학교 때 국어를 추가로 공부하는 동안 수학과 과학 공부 시간을 줄이면 국어 성적도 잘 안 오르는데 열심히 공부해 온 수학과 과학 성적이 흔들리는 혼돈의 상황을 만나게 될 수 있지요.

의대가 아무리 이과 분야라고는 하지만, 수학과 과학만으로는 안 됩니다. 특히나 자녀가 초등학생, 중학생이라면 반드시 국어를 시작하세요. 국어의 하방경직성이 의대를 향한 길에서 큰 힘이 됩니다.

아이가
글을 잘 못 읽어서
걱정이에요.

❋

교과서 읽기가 공부의 첫 단계입니다. 공부를 못하는 아이들은 공부의 첫 단계인 독해에서부터 문제가 발생하는 경우가 많습니다. 애초에 주어진 글을 불완전하게 읽다 보니 글에 담긴 내용을 이해하지 못하고, 이해를 못하니 당연히 공부가 어려워질 수밖에 없습니다. 아이의 독해력을 위해 가장 신경써야 하는 부분은 바로 어휘입니다. 아이들은 대략적으로 문맥 파악이 되면 그 뜻을 정확하게 알지 못해도 그냥 넘어가는 경향이 있습니다. 특히 국어 어휘이기 때문에 더욱 안일하게 생각합니다. 그러나 어휘의 의미를 정확하게 파악하지 않으면 내용을 제대로 이해할 수 없을 뿐더러, 심한 경우 오해까지 불러일으킬 수 있습니다. 가령, '지양(더 높은 단계로 오르기 위해 어떠한 것을 하지 않음)'과 '지향(어떤 목표로 나아가는 의지)'의 뜻을 구별하지 못한다면 엄청난 해석의 차이를 만들게 되는 겁니다.

그러므로 초등학교 때부터 독서를 하다가 조금이라도 헷갈리는 단어가 나오면 반드시 뜻을 찾아 정리해두는 습관을 길러야 합니다. 단어를 정리할 때는 반드시 예문을 함께 확인하여 해당 단어가 사용되는 문맥을 파악하는 것이 중요합니다. 국어 과목이 아니더라도 모든 과목이 줄글로 되어 있다는 사실을 고려한다면, 독해력은 공부의 기본 능력이라고 봐도 무방합니다. 중고등학생의 경우, 독해 훈련이 처음인 아이들은 교과서를 공부하기 전에 국어의 비문학 지문으로 연습을 시작하는 것이 좋습니다. 비문학 지문은 애초에 아이들이 지문을 분석하고 문제를 풀 수 있도록 체계적으로 정리되어 나오기 때문에 지문 분석 훈련을 하기에 알맞습니다.

제가 처음 국어 수업을 시작하는 아이들에게 지문을 읽고 문제를 풀어보라고 하면 나타나는 전형적인 모습이 있습니다. 일단 별다른 분석 없이 마치 소설책을 읽듯 지문을 읽어 내려갑니다. 그리고 문제를 풀 때 다시 지문을 읽습니다. 머릿속에 지문의 체계나 내용이 정리되지 않은 겁니다. 이처럼 글을 여러 번 다시 읽어야만 한다면 제대로 독해하지 못했다는 뜻입니다. 진정한 독해란, 글을 읽어 내

초등 국어 뿌리 공부법

려가는 그 시점부터 글에 대한 분석이 함께 진행되어야 합니다. 눈으로 글을 읽는 것이 아니라 머리로 글을 읽어야 한다는 말이지요. 그렇다면 지문 분석 훈련은 구체적으로 어떻게 해야 할까요? 민성원 연구소에서 제시하는 지문 분석 방법은 다음과 같습니다.

첫째, 제시된 지문을 문단별로 나눕니다. 글을 쓸 때 문단을 나누는 이유는 글쓴이의 생각을 효과적이고 명확하게 전달하기 위해서입니다. 예를 들어 지구 온난화에 관해 이야기하고자 할 때 지구 온난화가 발생한 원인, 결과, 해결 방안 등을 각각의 문단으로 묶어서 정리하면 읽는 사람에게 효과적으로 글의 내용을 전달할 수 있습니다. 이는 반대로 읽는 사람 역시 글을 읽을 때 문단을 나누어서 내용을 이해한다면 훨씬 더 효과적으로 주제를 파악할 수 있다는 말이 됩니다. 즉, 독해의 첫 단계는 문단을 나누고 전체 글이 몇 문단으로 구성되어 있는지를 먼저 파악하는 일입니다.

둘째, 문단별로 중심 문장을 찾습니다. 문단을 나눈 다음에는 본격적으로 글 읽기에 들어가는데, 각 문단의 핵심 내용을 생각하며 읽는 것이 좋습니다. 전체 글의 주제에서 문단별로 서로 다른 핵심 내용을 담고 있기 때문입니다.

문단은 여러 문장으로 구성되어 있지만 대개 하나의 문장에 중심 내용이 요약되어 담겨 있는데, 이를 '중심 문장'이라고 부릅니다. 중심 문장은 글의 전체 내용을 포괄하고, 나머지 문장들은 중심 문장의 내용을 뒷받침하거나 더욱 자세히 설명해줍니다.

셋째, 지그재그로 독해합니다. 문단에서 중심 내용을 찾을 수 있다면 이제 지문 전체를 독해하는 훈련이 필요합니다. 지그재그 독해법은 글을 읽으면서 동시에 그 내용을 정리하는 독해법입니다. 읽고 바로 정리하고, 다시 읽고 바로 정리하는 과정이기 때문에 '지그재그'라는 이름을 붙였습니다. 각 문단을 지그재그로 읽다 보면 결국 글 전체의 중심 내용을 파악할 수 있습니다.

국어 공부를 위해서
초등학교 때부터
학원에 다녀야 하나요?

❋

사교육은 뚜렷한 목표와 기준이 있어야 성공합니다. 반드시 학원에 다니지 않아도 됩니다. 학원에 다니지 않더라도 충분히 국어 공부를 할 수 있습니다. 국어는 우리말이기 때문입니다. 영어는 외국어라 힘들고 수학은 몰라서 힘들지만, 국어는 안 해서 힘든 겁니다. 국어는 누구나 공부하면 실력이 올라가는 안전한 과목입니다. 그래서 중학생 때까지는 학원에서 큰 도움을 주지 못합니다. 초등부는 논술학원이나 독서 관련 학원은 있어도 국어를 가르치는 학원은 거의 없고, 중등부 학원은 내신 위주로 돌아갑니다. 어떤 체계를 가지고 국어를 알려준다기보단 학교 시험에서 100점을 맞는 게 중점이지요. 그러니 사교육에 의존하기보다 앞서 나온 국어 공부법으로 혼자 공부하는 습관을 기르도록 해주세요.

첫째, 현재 아이의 수준을 파악해야 합니다. 어떤 도전이든 일단 현재 본인의 상태를 정확히 파악해야 약점을 보완하고 장점을 개발할 수 있습니다. 중학생이라면 고1 모의고사 문제를 풀어보며 자신의 수준을 가늠해볼 수 있습니다. 초등학생이라면 부모님께서 함께 책을 읽고 요약해보게 하거나 중등용 문제집을 풀어보게 하여 아이의 국어 실력을 확인해주세요.

둘째, 학교 수업에 충실해야 합니다. 초등학생이라면 학교 국어 수업 시간에 배우는 내용으로도 충분히 화법, 작문, 문학 실력을 올릴 수 있습니다. 또 국어 교과서를 제대로 읽도록 정독하면 독해력도 잡을 수 있지요.

셋째, 다양한 매체를 활용해서 국어 실력을 길러주세요. 책이나 신문기사, 영상, 전시 등 다양한 매체가 국어 공부의 토대가 됩니다. 비교적 시간이 많은 초등학생 시기에는 다양한 체험으로 국어 체력을 만듭니다.

넷째, 이성적으로 계획을 세우고 실천하게 합니다. 공부 계획을 세울 때는 최대한 이성적으로 판단해야 합니다. '우리 아이가 이 정도는 해낼 거야.'라는 마음으로 계획하지 마세요. '이 계획을 아이가

초등 국어 뿌리 공부법

잘 따라올 수 있을까?'를 염두에 두고 냉철하게 계획해야 합니다. 특히 아이의 현재 수준을 파악하고 이를 받아들이는 과정이 선행되어야 합니다. 그래야만 실천 가능한 계획을 세울 수 있음을 잊지 마세요.

국어 공부는
책만 잘 읽으면
된다고 하던데요?

❋

"독서는 중요하지만 전부는 아닙니다."

독서교육을 지도하고 있다며 아이의 국어 실력에 자신만만해하는 학부모님들께 늘 제가 하는 조언입니다. 독서는 국어교육의 중요한 영역이지만 독서만으로는 충분하지 않습니다.

'책을 많이 읽은 아이가 공부도 잘한다'는 말은 부모들 사이에서 정설로 여겨지는 이야기입니다. 어느 방송 프로그램에 출연한 부모는 아이를 영재로 키운 비결로 독서를 꼽기도 하고, 사회에서 성공한 많은 사람의 인터뷰를 보면 생활습관으로 독서를 자주 언급하지요. 마치 사회에서 성공하려면 독서가 필수인 것처럼 들립니다. 그런데 단순히 책을 읽는다고 인생이 바뀌고 성공하게 되는 걸까요? 책은 어떻게 읽든 상관이 없을까요?

독서가 중요한 것은 사실입니다만 독서가 주는 이익과 체계적인 국어 공부가 주는 이익은 서로 다른 영역입니다. 독서가 주는 긍정적인 측면은 무척이나 많습니다. 책 읽기가 독해력을 높여주기에 보통 어릴 때부터 많은 책을 읽어온 아이의 언어능력은 높습니다. 하지만 무턱대고 많은 책을 읽은 아이가 공부를 잘하게 되는 것은 아닙니다.

수능 국어 만점자 중 꽤 많은 이가 책을 많이 읽었다고 인터뷰하지만, 이들은 다른 공부도 하면서 책도 많이 읽은 것이지, 책만 읽은 게 아닙니다. 아프다가 건강을 회복한 사람이 어떤 건강식품을 먹었다고 기사가 나면, 그 건강식품의 인기가 확 올라갑니다. 그런데 알고 보면 음식을 골고루 섭취하면서 건강식품도 먹은 것이지, 건강식품만 먹어서 건강을 회복한 것이 아니지요. 이런 곡해를 인과관계의 오류라고 합니다.

책 읽기로 아이의 언어능력을 키우려면 독서가 똑똑한 방법으로 이루어져야 합니다. 똑똑한 독서란 아이 수준보다 다소 높고 다양한 화제의 책을 읽는 방식을 말합니다. 아이 수준보다 낮거나 쉽게 술술 읽히는 책만 읽으면 아이의 언어능력은 제자리걸음만 하게 됩니다. 단순히 다독가가 될 뿐이지요. 쉬운 독서는 읽기에 자신감을 주긴 하겠지만 언어능력을 더 끌어올리지는 못합니다. 실력을 높이려면 늘 일정 수준 이상의 자극이 필요한 법이죠.

어느 정도 읽기에 능숙해졌다면, 학년에 상관없이 조금씩 난이도를 높이며 발전해나가야 합니다. 아이가 글에서 어려운 단어를 마주하거나 한 번에 문맥을 파악하기 어려운 긴 문장을 읽을 때, 두뇌는 자극을 받으며 생각하는 능력이 발달합니다.

질문 5

국어 공부를
재미있게 할 수 있는
방법이 있을까요?

✳

한 번 들은 곡을 그 자리에서 똑같이 연주하는 아이, 자기 키보다 훨씬 높은 뜀틀을 단번에 뛰어넘는 아이, 세자릿수 암산을 척척 하는 아이. 모두 범상치 않습니다. 게다가 이 아이들은 초등학교도 들어가지 않은 8세 미만으로 한 지역에 살고 있습니다. 어느 한두 아이만 이런 뛰어난 능력을 보이는 것이 아니라 그 지역 아이들이 대부분 다 뛰어납니다. 바로 일본 규수 지방의 한 시골 마을에 있는 도리야마 어린이집 아이들 이야기입니다.

어떻게 아이들이 단체로 뛰어난 능력을 지니게 된 것일까요? 비밀은 '요코미네 교육법'에 있습니다. 이는 요코미네가 약 30년 동안 유치원과 초등학생들을 위한 학원을 운영하면서 개발한 교육법입니다. 어린 시절 교육과 훈련을 통해 아이들의 능력을 천재적인 수준까지 끌어올릴 수 있다는 것을 보여주면서 한국에서도 폭발적인 관심을 끌었습니다. 지금도 이 교육법에 관심을 갖는 부모가 많습니다.

저는 초등학생 아이들의 수업을 진행하면서 요코미네 교육법이 매우 효과적이라는 사실을 인정하게 되었습니다. 요코미네의 교육 방식은 아이들이 공부하고 싶어지도록 '의욕 스위치'를 켜주는 것이 핵심입니다. 아이의 의욕 스위치를 켜주면 다음과 같은 선순환이 생깁니다.

아이들은 흥미가 있으면 연습을 반복하게 되고, 반복을 하는 과정에서 재능이 점차 성장합니다. 요코미네는 이를 '재능 개화의 법칙'이라고 하고 저는 이를 '반복적 행위의 효율성'이라고 말합니다. 표현만 다를 뿐, 앞서 말한 것처럼 반복과 강화가 아이의 재능을 개발하는 기본 원칙이라는 점에서는 일맥상통합니다.

첫째, 경쟁하고 싶어 하는 마음이 노력을 부릅니다. 부모들의 생각과 달리 아이들은 경쟁하는 것을 좋아합니다. 아이들의 경쟁은 어른이 생각하는 경쟁과는 다릅니다. 아이들의 경쟁은 순수합니다. 아

초등 국어 뿌리 공부법

이들은 잘하는 아이를 보며 '나도 저 아이처럼 되고 싶다!' 하고 생각합니다. 잘하는 아이를 미워하지 않고, 때로는 존경하기까지 합니다. 그러니 아이가 스트레스를 받지 않는다면 '더 나아지려는 마음'을 이끌어주시는 것도 좋습니다.

둘째, 아이는 흉내 내면서 성장합니다. 아이들은 원래 흉내 내기를 잘하고 좋아합니다. 흉내를 내고 싶어 하는 스위치를 잘 사용하면 아이들은 빠르게 배워서 따라 합니다. 어떤 일이든 잘 해내는 아이가 곁에 있으면 다른 아이들은 자연스럽게 그 아이의 행동을 흉내 냅니다. 예를 들어서 5살 아이들에게 물구나무서기를 하라고 하면 할 줄 아는 아이가 없기 때문에 아무도 못합니다. 이때 6살 아이가 먼저 시범을 보이고 나면 5살 아이들이 그것을 흉내 내어 물구나무서기를 성공적으로 해내기 시작하지요. 선생님의 수업 없이 흉내를 내는 것만으로도 알지 못했던 일을 할 수 있게 되는 겁니다.

셋째, 조금 어려울수록 더 하고 싶어 합니다. 아이에게 공부를 시키고 싶다는 욕심이 강해 처음부터 어려운 과제를 주고 해보라고 하는 경우가 있습니다. 물론 아이들은 딱 보아도 성공하기 어려운 일은 싫어합니다. 그래서 너무 어려운 일이라고 판단되면 시도조차 하지 않습니다. 반대로 너무 쉬운 과제를 주어도 처음에만 끄적거리다가 시간이 지나면 건드리지 않습니다. 노력할 필요가 없으니 흥미를 느끼지 못하는 것이지요.

하지만 조금 어려운 일이라면 아이들은 흥미를 보이며 그것을 해내기 위해 스스로 연습합니다. 아이들의 눈앞에 '조금만 노력하면 할 수 있을 것 같은' 과제를 내주면 아이들은 의욕적으로 도전하기 시작하지요. 아이들의 이러한 심리를 알면 단계적으로 난이도를 높여 가며 반복하게 하는 것에 대한 부담감을 떨치기가 쉽습니다.

넷째, 아이는 인정받는 만큼 성장합니다. 인정한다는 것은 쉽게 말해 젖먹이 취급을 멈추고 어엿한 어린이로 대한다는 뜻입니다. 아이들은 부모에게 젖먹이 때처럼 대우받기보다는 성숙한 어린이로 대우받는 것을 좋아합니다. 다만 인정한다는 것과 늘 칭찬한다는 것을 동일시해서는 안 됩니다. 칭찬은 경우에 따라 독이 되기도 합니다. 처음 칭찬을 받으면 기분이 좋지만, 늘 칭찬받는 아이는 별다른 자극을 받지 못하게 됩니다.

칭찬보다는 인정해주는 게 훨씬 중요한 일입니다. 때로는 부모가 아이를 인정한다는 의미로 보상을 주는 방법도 사용할 수 있습니다. 이와 같은 방법은 소심하고 기가 약한 아이에게 사용하면 좋습니다.

내신 국어 공부와 수능 국어 공부가 많이 다른가요?

❋

내신 국어와 수능 국어의 차이라기보다 국어 영역별로 다릅니다. 화법, 작문, 문학은 내신이나 수능이나 비슷합니다. 특히 문학은 학교에서 배운 것들이 수능에 나올 가능성도 높습니다. 학교 국어 수업을 열심히 들어서 학교 시험에서 '시적 화자가 말하고자 하는 바는?'과 같은 유형의 문제를 풀어 맞혔다면 수능에서도 그와 비슷한 유형의 문제를 풀 수 있습니다. 하지만 비문학 독서는 내신과 수능이 완벽히 다릅니다. 수능에는 학교 수업 시간에 본 지문이 나올 리가 없습니다. 그래서 국어를 어릴 때부터 체계적으로 공부하지 않으면 안 되는 겁니다.

문법도 마찬가지입니다. 우리가 학교에서 배우는 문법은 일명 '쪽 문법'입니다. 각각의 문법 내용을 조각내 싣고 있지요. 그러나 문법은 하나의 이야기입니다.

245쪽의 문법 문제를 보면, 우선 보기에서 '음운'이라는 게 무엇인지부터 알아야 합니다. 이걸 모르면 음운에 따른 자음 분류인 '마찰음, 파찰음, 예사소리, 된소리' 등도 이해할 수 없습니다. 또한 각각의 개념을 알았더라도, 실제 발음에서 나타나는 양상인 '음운 변동'의 개념을 제대로 모르면 적용이 안 됩니다. 보기부터 선택지까지 음운론과 관련된 문법 사항을 연결하여 생각할 줄 알아야 풀 수 있는 것입니다.

학교에서는 각 학기 중간고사나 기말고사마다 정해진 범위를 배우고, 해당 부분만 시험을 봅니다. 책도 문법이 진도별로 쪼개져 들어가 있지요. 이러한 쪽 문법을 체계적으로 정리하면 수능에도 도움이 됩니다.

12. 〈보기〉의 ㈎, ㈏를 중심으로 음운 변동을 이해한 내용으로 적절한 것은?

보기 -

국어의 음운 변동은 교체, 탈락, 첨가, 축약으로 구분된다. 이 중에는 음절의 종성과 관련된 음운 변동이 있다.

㈎ 음절의 종성에 마찰음, 파찰음이 오거나 파열음 중 거센소리나 된소리가 올 경우, 모두 파열음의 예사소리로 교체된다. 이는 종성에서 발음될 수 있는 자음의 종류가 제한됨을 알려준다.

㈏ 또한 음절의 종성에 자음군이 올 경우, 한 자음이 탈락한다. 이는 종성에서 하나의 자음만이 발음될 수 있음을 알려준다.

- -

❶ '꽂힌[꼬친]'에는 ㈎에 해당하는 음운 변동이 있다.

❷ '몫이[목씨]'에는 ㈏에 해당하는 음운 변동이 있다.

❸ '비옷[비옫]'에는 ㈏에 해당하는 음운 변동이 있다.

❹ '않고[안코]'에는 ㈎, ㈏ 모두에 해당하는 음운 변동이 있다.

☑ ❺ '읊고[읍꼬]'에는 ㈎, ㈏ 모두에 해당하는 음운 변동이 있다.

출처: 한국교육과정평가원

국어 공부를
일주일에 얼마나 하면
좋을까요?

✳

매일 조금이라도 꾸준히, 질적으로 훌륭하게 이루어져야 합니다. 국어 공부 계획을 세우기 전에 우선은 지금 우리 아이가 국어를 어떻게 공부하고 있는지, 그리고 다른 과목은 어떻게 공부하고 있는지부터 검토하세요.

생각보다 많은 학부모님이 불안감에 무엇인가를 시키기는 하는데 정작 아이에게 필요한 교육인지, 실질적으로 아이에게 도움이 되고 있는지 등 '공부의 질'은 신경을 못 쓰는 경우가 많지요. 그러니 일단은 지금 하고 있는 교육들을 모두 살펴보시고, 그게 아이에게 필요한지부터 점검해보세요.

과정도 즐겁고 결과도 좋은 행복한 공부를 위해서는 합리적이고 섬세한 설계가 필요합니다.

일단 시작 시점에서 아이의 능력을 고려해 수준에 맞게 학습 계획을 짜고 중간 중간 아이의 실력에 맞게 단계를 재설정해야 합니다. 나이나 학년에 구속되지 말고 공부지능에 맞게 단계를 적용하길 추천합니다. 아이의 국어 실력이 뛰어나 실제 학년의 교재나 공부법을 쉽게 느낀다면 한 단계 앞서 나가고, 어렵게 느낀다면 아래 단계부터 시작하면 됩니다.

공부 횟수 부분에서는 매주 한 번, 두 시간에서 네 시간 정도면 충분합니다. 다른 아이들은 이 정도도 안 하고 있기 때문에 이 정도만으로 상대적으로 좋은 결과를 기대할 수 있습니다. 수학과 영어는 이보다 훨씬 많이 해도 실력이 쑥쑥 오르지 않는 이유는 다른 아이가 더 많이 해서 그런 것입니다. 이 책의 독자가 아니라면 체계적인 국어 학습을 지도하는 경우가 적으므로 너무 많이 시키려고 하지 않아도 좋습니다.

중3 즈음 뒤늦게 국어의 중요성을 깨달은 학부모님이라면 일단 문법과 고전부터 잡고 어휘, 문장력, 배경지식 순으로 나아가세요.

국어 공부를 위한
참고서를 알려주세요.

✳

참고서를 선택할 때는 책 자체의 특성도 중요하지만, 아이에게 맞는 교재인지가 더욱 중요합니다. 초등 저학년이라면 정신 연령에 맞는 단계의 참고서를 봐야 하고, 초등 고학년 이상이라면 문법, 비문학 독서 영역의 참고서를 중점적으로 봐주면 좋습니다. 모든 참고서는 아이가 너무 쉽거나 어렵다고 느끼지 않고 아이의 실력보다 조금 높은 수준의 교재를 선택하는 게 좋습니다.

민성원 연구소에서 국어 수업 시 활용하는 교재 목록과 각 교재의 특성, 사용 방식을 정리하여 첨부합니다.

통 합 교 과

❶ 초등

『완자 초등 국어 1-1 ~ 6-1』 총 12권(비상교육)

특성   교육과정에서 요구하는 핵심 개념을 빠르게 정리하며 학습이 진행된다. 실제 교과서에 나오는 지문에서 문제가 나오며, 서술형까지 대비할 수 있도록 구성되어 있다.

장점   핵심 개념을 한눈에 볼 수 있게 짧게 구성했으며, 제대로 암기하고 이해했는지 확인할 수 있게 구성되어 있다. 초등에서 배워야 할 것들을 빠뜨리지 않고 빠르게 숙지할 수 있다.

수업 방법   본문을 소리 내어 읽도록 하면서 띄어 읽기와 잘못된 발음을 자연스럽게 교정한다. 핵심 개념이나 단어들은 암기하도록 하고 그날 공부한 내용은 바로 문제를 푼다.

❷ 중등

『한끝 중등 국어 통합편 1~3』 총 6권(비상교육)

특성   중학교 각 학년에서 반드시 학습해야 할 성취 기준을 중심으로 개념과 문제가 균형 있게 제시되었다.

장점   교과서 출판사별로 각각 다르게 나오는 지문 중에서 성취 기준을 잘 구현하는 작품들로 선별되어 있다. 시가, 산문, 비문학, 다양한 언어생활, 문법 영역으로 나누어 고등에서 배울 내용을 미리 체계적으로 경험해볼 수 있다.

수업 방법 핵심 개념 및 주요 시가 작품들은 배우고 나면 반드시 암기한다. 산문의 경우 배경이나 인물의 상황에 맞게 의미 단위로 끊어 읽고, 해당 단원의 학습 목표를 숙지시킨다.

❸ 고등

『오감도 기본편』(좋은책신사고)
- -

특성 수능 국어 영역의 개념과 유형을 통해 기본을 다지도록 구성되었다.

장점 수능에 꼭 나오는 개념을 중심으로 설명되어 있으며, 실린 작품들이 대부분 최근 5개년 내에 수능에 출제되었거나 EBS 연계 교재에 나왔던 것들로서 수능과 매우 밀접하다. 각 영역별로 수능에서 중요하게 생각하는 핵심을 짚어 가며 공부할 수 있다.

수업 방법 먼저 개념을 공부하고 자신만의 언어로 설명할 수 있는지 확인한다. 누군가에게 설명할 수 있다면 명확히 아는 것이므로 이 작업이 선행되면 개념을 실제 작품과 문제 속에서 적용할 수 있는지 확인한다. 문학이든 비문학이든, 각 문제 속에서 왜 그 선택지가 틀렸거나 맞았는지 스스로 설명해보게 한다.

『첫 오감도 고등국어』(좋은책신사고)
- -

특성 내신과 수능의 기초를 빠르게 정리할 수 있다.

장점 고1이 되면 공부하게 될 교과서 속 지문들과 고1, 고2 모의고사에 출제된 문제들 중심으로 구성되어 있어 예비 고1이 처음 시작하기에 좋다. 설명이 상세하고 쉬운 말로 되어 있어 이해하기 쉬우며, 서술형에 대비할 때도 유용하다.

수업 방법 개념이 고1 교과서 속에서 어떻게 구현되는지 안내하고 자신의 말로 암기할 수 있게 한다. 간단한 예시 문제로 적용을 잘 해내는지 확인하고, 실제

고1 교과서나 모의고사에 나왔던 문제들 속에서 적용해본다. 시의 경우 내신이나 모의고사에서 만나게 될 확률이 높기 때문에 암기하도록 하고, 소설은 전문이 나와 있지 않더라도 문학사적 가치나 전체 내용을 이야기해주면서 중요한 작품들은 기억할 수 있게 한다.

어 휘

『마법의 상위권 어휘』(마법스쿨)

특성 국어, 과학, 경제, 예술, 법 등 다양한 분야의 초등학교 필수 어휘를 종합적으로 공부할 수 있다.

장점 단원마다 연계 교과와 관련된 어휘를 묶어 수록하여 특정 과목에 편중되지 않게 골고루 암기할 수 있으며, 실제 학교 수업에서 적용하기 용이하다. 같은 한자가 쓰인 여러 어휘를 이어서 학습할 수 있으며, 수록된 대표 어휘와 같은 주제의 여러 어휘가 함께 소개되어 있어 쉽게 연계되는 어휘를 확인할 수 있다. 한자의 생성 원리를 초등학교 수준에 맞게 설명하여 뜻을 이해하고 암기하기 수월하다. 단원 마무리 단계에 학교 시험 문제와 유사한 유형의 문제들이 포함되어 있기 때문에 어휘력 향상에 유용하다.

수업 방법 단원에 수록된 어휘를 적용한 지문을 읽고 낱말의 뜻이 무엇일지 맥락을 생각하여 추측한다. 지문에 나온 단어와 관련된 빈칸 채우기 문제를 푼 후 대표 어휘의 뜻을 먼저 익힌다. 한자 뜻을 그대로 풀이한 뜻을 먼저 읽은 후에 단어의 사전적 풀이를 학습하고 암기한다. 수록된 어휘에 공통으로 포함된 대표 한자를 학습하고, 앞의 내용을 보지 않고 암기한 내용을 생각하며 관련 문제를 푼다. 어휘를 사용한 예문 만들기는 과제로 수행한다.

『내신 만점을 위한 중학 국어 어휘력』(숨마 주니어)

특성 중학교 학년별 교과서 필수 어휘를 공부할 수 있다.

| 장점 | 9종의 교과서 중에서 꼭 알아야 하는 어휘 중심으로 한자어, 개념어, 속담, 관용어, 한자성어, 순우리말, 시·소설·수필·설명문·논술문 등에 자주 나오는 주요 어휘들이 수록되어 있다. '단어-예문' 구성으로 단순하면서도 가독성이 좋으며, 개념 확인 문제의 유형이 다양하고 적용 문제에서는 사고력을 요하는 문제도 포함되어 있어 사고력과 독해력 향상에 유용하다. |

| 수업 방법 | 단어를 읽고 뜻을 읽은 후에는 해당되는 예문을 읽힌다. 그리고 그 단어가 들어간 예문을 만들어본다. 배운 단어를 암기하고 학생끼리 테스트하거나 몇 개를 골라서 암기 여부를 확인한다. |

『국어의 기술 외전 결국은 어휘력』(좋은책신사고)

| 특성 | 표준국어대사전을 바탕으로 각종 시험에 나온 예문을 풍부하게 실어 단어의 종합적인 모습을 이해할 수 있다. |

| 장점 | 단어의 핵심 의미를 잘 기억할 수 있도록 그림이나 도표가 적절하게 제시되어 있고 예시들이 풍부해서 용례를 따로 찾아보지 않아도 이해가 쉽다. 실제 시험에 나왔던 선택지들을 함께 실어 수능과 내신에서 어떻게 출제되는지도 확인할 수 있다. 매 회차 확인 학습이 간단하면서도 효율적이며 이전 회차의 어휘들도 다시 한번 확인해볼 수 있도록 구성되어 있다. |

| 수업 방법 | 각 어휘와 그에 대한 설명을 소리 내어 읽는다. 배경지식이 좀 더 필요하거나 추가적인 설명이 필요한 경우 추가 자료나 설명을 덧붙인다. 한번 다 읽은 후에는 스스로 읽으면서 암기할 시간을 주고 테스트를 진행하여 암기를 확인한다. |

『1등급 어휘력』(마더텅)

| 특성 | 내신과 수능 국어 1등급을 목표로 면접과 논술 대비도 함께한다. |

| 장점 | 방대한 분량의 어휘가 수록되어 있으나 분류가 매우 체계적이고 자신의 어휘력을 빠르게 점검해볼 수 있다. 수능에서 항상 출제되는 사전적 의미, 문맥적 의미, 문학 작품 속에서만 보게 되는 낯선 어휘들, 주제별로 살펴 |

보는 한자성어 등 5회독을 목표로 공부하면 단기간에 어휘력을 빠르게 높일 수 있다.

수업 방법 정해진 분량을 주어진 시간 동안 푼다. 5회독이 목표이기에 테스트할 페이지는 복사하여 확인하면서 푼다. 다 풀고 나면 스스로 답을 확인하며 어휘 해설을 읽고 암기한다. 날짜를 기록하여 어휘력의 신장 정도를 확인한다.

『매3어휘』(키출판사)

특성 수능 빈출 어휘와 사자성어를 다른 어휘와의 연관 속에서 반복 학습할 수 있다.

장점 어휘를 학습할 때 문맥 속에서 어휘의 의미를 파악할 수 있도록 비슷한 어휘들과 연관 지어서 설명한다. 또 한자어나 한자 성어는 구성 한자의 뜻을 함께 풀이해주어 사전적 의미와 문맥적 의미를 함께 이해할 수 있도록 했다. 각 어휘가 포함된 기출 문제나 함께 공부하면 좋은 어휘를 함께 실어서 실제 문제 풀이 상황에서 학습한 어휘를 효과적으로 사용할 수 있게 한다.

수업 방법 각 어휘와 그에 대한 설명을 소리 내어 읽는다. 학생의 이해를 돕기 위해 해당 어휘의 적용 사례를 알려주고 학생의 메타인지를 확인하기 위해 어휘의 용례를 발표하게 한다. 또한 배운 단어를 암기하고 학생끼리 테스트하거나 몇 개를 골라서 교사가 테스트를 진행하여 암기를 확인한다.

비 문 학 독 서

『중학 국어 비문학 독해 연습 1~3』(숨마 주니어)

특성 1일 2지문 25회로 비문학 독해를 꾸준히 할 수 있도록 구성되었다.

장점 수능 출제 영역인 인문, 사회, 과학, 기술, 예술로 나누어 독해 방법을 구체적으로 설명한다. 특히 답지에서는 마치 전문가가 사고 구술을 하듯이 설명되어 있어 처음 비문학 독서 공부를 시작하는 학생들이 독해 습관을 지닐 수 있다.

수업 방법 각 문단별로 읽으면서 핵심 단어를 확인하고, 중심 문장을 찾으며 자신의 언어로 한 문장 요약한다. 이 과정을 문단별로 거친 뒤 전체 글을 더 간단히 요약하여 지문을 완전히 자기 것으로 만들 수 있게 한다. 문제 푸는 시간을 주고 다 푼 뒤에는 해당 선택지가 본문의 어느 부분에 있는지 확인한다.

『메가스터디 중학국어 비문학 독해 연습 1~3』(메가스터디)

특성 인문, 사회, 과학, 기술, 예술, 문화 영역으로 나누어 중고등학교 성취 기준에 기반한 독해 원리의 기본, 심화 내용을 반영했다.

장점 독해의 원리를 중심으로 목차를 구성하여 전략적인 독서를 배우는 데 유용하다. 1권부터 3권까지 난이도가 잘 구분되어 있어, 차근차근 따라간다면 체계적으로 독해 실력을 키울 수 있다.

수업 방법 각 문단별로 요약하고 최종적으로 글 전체를 자신의 언어로 말할 수 있도록 한다. 각 영역마다 독해의 원리나 설명 방식 등 개념 요소들이 나올 때는 암기 후 확인한다.

『매3비』(키출판사)

특성 모의고사와 수능 기출 문제를 영역별로 모아서 풀어볼 수 있다.

장점 실전 감각을 익히고 출제 경향을 확인해볼 수 있다. 인문, 사회, 과학, 기술, 예술로 분류되어 자신이 약한 부분을 확인할 수 있고 한 영역이 마무리되면 그에 따른 배경지식도 정리해볼 수 있다.

수업 방법 지문 하나씩 꼼꼼하게 분석한다. 인문, 사회, 경제 영역의 경우, 지문 내용을 이해할 수 있는 배경지식까지 습득할 수 있게 한다. 과학, 기술은 스스로 도식화할 수 있도록 지도해 이후 출제되는 지문들 속에서도 활용할 수 있도록 안내한다.

『맨큐의 경제학』(센게이지러닝)

특성 경제학의 기본개념과 응용 사례를 명료하고 알기 쉽게 설명한 원서다.

장점 대학 강의 교재로 사용되고 있는 책으로, 근래 자주 출제되고 있는 '경제' 분야 비문학 지문들의 출처이기도 하다. 2020학년도 수능에 출제된 'BIS 비율'과 같은 개념을 이해하는 데 있어서 기본을 다질 수 있다.

수업 방법 10개년 수능과 3월, 6월, 9월의 평가원 기출 문제들을 바탕으로 '경제' 영역만 선별하여 그 문제를 바탕으로 수업을 진행한다. 지문 속 관련 내용을 교재 속에서 발췌하여 지도하고, 이해에 필요하다면 학술논문도 보충 교재로 사용하여 깊이 있게 읽는다.

『법학개론』(법률출판사), 『헌법학개론』(박영사), 『형법총론』(박영사), 『심리학개론』(양서원), 『최신교육학개론』(학지사)

특성 법률, 심리학, 교육학, 철학 등의 기본 개념과 사례들을 명료하게 설명했다.

장점 요즘 수능이나 모의고사에서 법률, 심리학, 교육학, 철학 영역들의 지문이 많이 출제되고 있는데 그 지문들의 기반이 되는 책이다.

수업 방법 10개년 수능과 3월, 6월, 9월의 평가원 기출 문제들 속에서 법률, 심리학, 교육학, 철학 영역을 선별하여 그 문제들을 바탕으로 수업을 진행한다. 지문 속 관련 내용을 교재 속에서 발췌하여 수업하고, 이해에 필요하다면 학술논문도 보충 교재로 사용하여 깊이 있게 읽는다.

문법

『지금, 국어 문법을 해야 할 때』(동아출판)

- -

특성　그림으로 문법 개념을 미리 살펴보면서 이미지로 기초 개념을 정립하고 낯선 문법 내용을 쉽게 익힐 수 있다.

장점　난이도가 높아지는 중등 국어를 본격적으로 대비하기 좋고, 국어 문법의 초석을 체계적으로 다질 수 있다. 문법 개념을 익힌 후, 독해, 쓰기 등의 다양한 문제 유형을 통해 배운 문법을 정리할 수 있다.

수업 방법　국어 전체를 구조적으로 연결하는 법칙인 문법은 체계적인 이해와 암기가 매우 중요하다. 문법의 전체 영역을 알게 하고 세부 문법의 개념을 파악한 후, 암기하도록 지도한다.

『개념 있는 중학 국어문법』(지학사)

- -

특성　2015 개정 교육과정 중학교 전 학년의 국어문법 기본 개념서이다.

장점　자세하고 쉬운 설명으로 문법을 익히고 도식화된 자료로 암기하여 초등 고학년에서 중등까지 기본 문법 개념을 익히기에 적합하다.

수업 방법　암기한 문법 사항을 문제로 확인하여 학습의 효능감을 높이고, 마지막으로 그날 배운 문법 개념을 교사 앞에서 암기하게 한 후 귀가한다.

『오감도 문법』(좋은책신사고)

- -

특성　학교 문법 전 범위를 기초부터 유기적으로 배울 수 있도록 돕는 종합 문법 교재다.

장점　학교에서 문법을 배우는 중학생도 각각의 개념이 전체적으로 어떻게 연결되는지는 모르는 경우가 많은데(쪽 문법), 문법 교과의 내용을 교재 맨 앞, 각 단원 앞, 각 장 앞에 체계화된 표로 제시하여 개별적 개념 학습에 그치기 쉬운 문법을 전체 구조 안에서 파악할 수 있도록 유도한다.

수업 방법 '지난 시간 내용 복습-개념 설명-배운 내용 정리-주요 내용 암기 및 문제 풀이' 과정으로 진행한다. 한 단원이 끝날 때마다 전체 단원 내용을 복습하고 그 단원의 수능 연계 교재 문제 모음을 풀어본다. 내신이나 수능을 완벽히 대비하기에는 문제의 양이 적기 때문에 아이의 수준에 따라 단순 연습문제부터 내신 대비 교재, 수능 대비 문제집 등을 함께 푼다.

『빠작 중학 국어 문법』(동아출판)

특성 25개의 문법 필수 개념을 단계별 문제를 통해 총정리했다.

장점 한 권으로 중등 내신부터 수능 형식까지 대비할 수 있다.

수업 방법 전체적인 학습 흐름을 설명하고 핵심 내용을 알아본 후 단원별 세부 문법 개념을 설명한다. 개념 확인 문제 및 실력 향상 문제로 이해도를 확인하고 다시 개념 복습으로 정리한다. 수업을 시작하면서 지난 시간 학습 내용을 복습하고 이번 수업 내용과 연계하는 과정을 통해 학습 내용을 체계적으로 정리한다. 개념을 단순 암기에 그치는 것이 아니라 실전 문제에 활용할 수 있는 힘을 기를 수 있도록 연습한다.

『숨마주니어 중학 국어 문법 연습1, 2』(이룸이앤비)

특성 문법 항목들을 작은 개념으로 나누어 개념별로 확실히 익히도록 구성했다.

장점 학습 내용을 한눈에 파악할 수 있는 맵, 반복 학습이 용이한 구성이다.

수업 방법 학습 로드맵을 보며 핵심을 짚을 수 있도록 설명한다. 개념 학습 후 바로 확인문제를 통해 이해도를 점검하고 10분 복습 시험으로 실력 점검 및 반복 학습한다.

고 전

『고등 해법문학 고전 시가』(천재교육)

특성 2015 교육과정에 따른 각 출판사의 국어과 교과서에 수록된 문학작품 200여 편 이상이 실린 자습서 형식의 교재이다.

장점 수능과 내신 대비를 동시에 할 수 있다. 차례 부분을 보면 어떤 작품이 어느 교과서에 수록되어 있는지 확인할 수 있어서, 공부 우선순위를 정할 때 참고하기 좋다.

수업 방법 매시간 양반문학과 평민문학을 각각 한 편씩 정하여 작가, 배경, 주요 내용 등을 간단히 소개한 후 학생들과 한 줄씩 강독(읽을 때 음보에 맞춰 읽기 강조)한다. 주요 어휘는 표시하면서 의미를 정리하고, 연습문제 풀이 후 해석과 주요 구절 암기 시험을 진행한다. 1학년용 국어 교과서 여러 권에 실린 작품부터 공부하고 그 후에 문학 교과서 여러 권에 실린 작품을 공부한다.

고등학생인데
국어 공부를 어디서부터
손대야 할지 모르겠어요.

✼

지금부터라도 시작하면 됩니다. 앞서 말씀드린 것처럼, 고등학생 때 국어 공부를 시작한다면 4%의 최상위권으로 도달하는 건 매우 많은 노력이 필요하겠지만, 2~3등급까지는 충분히 성취할 수 있습니다. 물론, 지금부터라도 당장 체계적인 국어 학습 단계를 계획하고 남들보다 더 바쁘게 움직이고 공부한다면 말입니다.

중학교 때까지 체계적으로 국어 공부를 해온 학생은 많지 않습니다. 그래서 제가 이 책에서 강조하는 것이지요. 고등학교에 들어와서 첫 모의고사를 본 다음에야 본인의 현재 수준을 깨닫게 됩니다.

대부분의 고등학생은 시간이 지나면 성적이 올라갈 거라 여기며 시간을 보내다가 고2가 되어서야 국어는 시간이 해결해주는 영역이 아님을 깨닫고 공부에 열을 올리기 시작합니다. 국어 공부는 조금이라도 먼저 시작하면 큰 혜택을 받게 됩니다. 그야말로 늦었다는 것을 알았을 때가 아직 안 늦은 상태입니다. 다른 학생들은 늦었다는 생각도 못 하니까요.

줄곧 1등급을 받던 아이가 고교 진학 후, 3월 모의고사에서 국어 1등급이 안 나와도 쉽게 넘어가는 경우도 많습니다. 그러나 이어지는 6월, 9월 모의고사 후에는 더 이상 현실을 외면할 수가 없습니다. 체계적인 국어 뿌리가 자리 잡지 못했기 때문에 상위권 성적을 기대하기 어렵지요. 이럴 때는 원칙으로 접근하는 것이 가장 안전하고 효과적입니다.

일단 학교 국어가 기본입니다. 간혹 수능 국어에 집중한다며 학원에서 배우는 수능 문제 풀이에만 집중하고 학교 수업시간에는 소홀한 친구들이 있습니다. 그러나 기본은 학교 수업입니다.

화법, 작문, 문학은 학교 수업만 충실히 따라가면 잡힙니다. 문법과 고전은 범위가 정해진 영역인 만큼 방학을 이용해 단기간에 집중하여 보완하면 좋습니다. 비문학 독서는 지금까지 모의고사나 수능에 등장했던 지문들을 먼저 보고 실력을 키워야 합니다.

수영은 잘하는 선수와 못하는 선수의 차이가 크지요. 단기간에 아무리 연습해도 전국체전에서 100등이 1등을 이기기 어렵습니다. 그러나 국어는 그렇지 않습니다. 아마 1등급이 자주 나오는 학생이어도 그 친구가 국어를 체계적으로 하지 않았을 가능성이 큽니다. 그러니 지금부터라도 체계적으로 국어를 공부하겠다고 마음먹어 보세요. 수학이나 영어와 달리 국어는 초등학생 때부터 체계적으로 공부해 온 아이가 많지 않아서 고등학생 때부터라도 제대로 준비한다면 상대적으로 수월하게 최고 수준까지 올라갈 수 있습니다.

초등 국어 뿌리 공부법

초등학생이
꼭 알아야 할
필수 국어 개념

학교에서는 학년별, 진도별로 문법 지식을 쪼개 배우기 때문에 각 문법 내용을 배울 때마다 나중에 배울 관련 개념까지 함께 모아 정리하며 쌓아나가는 학습이 중요하다고 말씀드렸습니다. 여기서는 초등학교 때 배우는 문법이나 국어 개념 중에서, 다음 학년에도 거듭되어 배우기에 꼭 미리 한꺼번에 정리해서 체계화해야 하는 내용을 중심으로 정리했습니다.

초등학교 1학년 국어는 한글을 배우는 과정이므로 여기서는 세부 학습 방법을 다루지는 않겠습니다. 이 시기까지는 앞서 3부에서 살펴본 국어 공부법 1단계 내용을 토대로, 함께 대화하고 책을 읽으며 정확한 한글맞춤법과 표준발음법을 익히는 데 중점을 두고 지도해주세요.

또한 6학년은 그동안 이전 학년에서 배우고 익힌 내용을 바탕으로 하여 더욱 견고히 하는 학습이 필요합니다. 문법 개념은 이전에 배운 내용을 바탕으로 더욱 심화하며 확실히 머릿속에 새기고, 시는 운율을 살려 암송하고 스스로 학습 내용을 정리하는 등 국어 공부법 3단계 내용을 토대로 지도해주세요.

따라서 여기서는 초등학교 2학년부터 5학년까지의 학습 내용을 중심으로 초등학교 졸업 전에 꼭 익히고 알아두어야 할 국어 개념을 살펴보겠습니다.

2학년

2학년 때부터는 본격적으로 국어 과목을 배우게 됩니다. 2학년 때는 한 가지 문법 개념을 정확히 알고 지나가야 합니다. 이 시기에는 ㅚ 발음을 배우게 되는데 ㅐ, ㅔ, ㅚ, ㅟ 발음을 함께 익혀두면 좋습니다. 이는 고등문법까지 연결되는 부분이므로 시간을 내서 정확한 발음을 하는 방법을 배우고, 책을 읽을 때나 일상생활에서 정확하게 발음하는 연습을 해야 합니다.

〈초등학교 졸업 전 꼭 익혀야 할 ㅐ, ㅔ, ㅚ, ㅟ 발음〉

🔵 여름에 **외가**에 가면 원두막에서 맛있는 **참외**를 실컷 먹을 수 있다.

🔵 그는 동굴에서 **금괴**를 발견했다.

⇒ ㅚ와 ㅟ는 모음의 분류 체계상 단모음으로 규정되어 있습니다. 단모음이란 발음할 때 처음 입술 모양과 혀의 위치에 변화가 없는 것을 말하는데, 위의 예문 속 외가[외가], 참외[차뫼], 금괴[금괴]가 표준발음입니다. 하지만 단모음 대신 이중모음으로 발음하는 경우도 적지 않기에 표준발음법에서는 이러한 발음 현실을 반영하여 외

가[웨가], 참외[차뭬], 금괴[금궤]로 발음하는 것도 허용하고 있습니다. 이 두 발음이 모두 가능하다는 점을 인지하고 어떻게 하면 단모음으로 발음하게 되고, 어떻게 하면 이중모음으로 발음하게 되는 것인지 생각해보면서 올바르게 발음하도록 지도해야 합니다.

3학년

3학년 때 꼭 익혀야 할 문법 지식은 높임 표현과 ㄹㅐ 발음입니다. 먼저, 높임 표현은 3학년 전체의 교육과정에서 가장 중요한 영역입니다. 우리말에는 다양한 높임 표현이 있습니다. 그리고 늘 높은 난이도로 시험에 출제되지요. 주체존대, 객체존대 등 문법적인 표현을 공부하는 것은 중학교의 문법 학습에서 배우고, 여기서는 대표적인 표현을 영어 구문 익히듯이 반복해서 익힌 뒤 생활에서 정확하게 사용하도록 지도해주세요.

높임 표현을 사용하는 경우는 듣는 사람이 말하는 사람보다 웃어른일 때, 행동하는 사람이 말하는 사람보다 웃어른일 때, '누구에게'에 해당하는 사람이 말하는 사람보다 웃어른일 때입니다. 그리고 높임 표현을 사용하는 대표적인 방법은 다음과 같이 정리할 수 있습니다.

〈초등학교 졸업 전 꼭 익혀야 할 높임 표현〉

1. 높임을 표현하는 방법

1) '습니다'를 써서 문장을 끝맺는다.

2) 높임을 나타내는 −시−를 넣는다.

3) 높임의 대상에 '께서'나 '께'를 사용한다.

4) 높임의 뜻이 있는 특별한 낱말을 사용한다.

예 밥−진지, 말−말씀, 물어보다−여쭈다

5) 높이지 않아도 되는 물건에는 높임 표현을 사용하지 않는다.

위의 원칙으로 높임 표현을 사용하면 되는데 막상 표현을 하려다 보면 생각보다 어렵습니다. 다음에 제시한 대표적인 높임 표현과 틀리기 쉬운 높임 표현을 반드시 숙지하고 일상생활에서 사용하면서 국문법의 높임 표현에 익숙해지게 지도해주세요.

2. 높임 표현의 예시

◆ 수현아, 선생님이 교무실로 오래. ➡ 수현아, 선생님**께서** 교무실로 **오라셔.**

◆ 아버지가 안방에서 잔다. ➡ 아버지**께서** 안방**에서 주무신다.**

◆ 엄마, 학교 갔다 올게. ➡ 엄마, 학교 갔다 **오겠습니다/올게요.**

◆ 선생님께서 우리 할아버지의 나이를 물어보셨다. ➡ 선생님께서 우리 할아버지의 **연세를** 물어보셨다.

◆ 민아는 어려운 수학 문제를 선생님에게 물어봤다. ➡ 민아는 어려운 수학 문제를 **선생님께 여쭤봤다.**

◆ 지난 일요일에는 할머니 집에 가서 생일 선물을 주었다. ➡ 지난 일요일에는 **할 머니 댁에** 가서 **생신** 선물을 **드렸다.**

◆ 나는 할머니를 데리고 집으로 갔다. ➡ 나는 할머니를 **모시고** 집으로 갔다.

◆ 할머니, 저녁식사 먹으세요. ➡ 할머니, **저녁 진지 잡수세요**(드세요)**.**

◆ 할아버지, 아버지께서 방금 퇴근하셨습니다. ➡ 할아버지, **아버지가** 방금 **퇴근 했습니다.**

다음으로 겹받침 ㄹ 발음도 시험에 자주 출제되는 영역이므로 개 념을 확실히 정리하고 익혀야 합니다.

〈초등학교 졸업 전 꼭 익혀야 할 ㄹ 발음〉

1. 짧다, 얇다, 떫다, 넓다, 여덟 등은 'ㄹ'로 발음하고 '밟다'는 ㅂ으로 발음한다.

㉔ 여덟[**여덜**], 얇고[**얄꼬**], 짧고[**짤꼬**], 넓고[**널꼬**], 떫은[**떨븐**], 밟고[**밥꼬**]

2. '넓-'이 포함된 복합어 중 '넓죽하다', '넓둥글다', '넓적하다'에서는 [**넙쭈카다**], [**넙뚱글다**], [**넙쩌카다**]와 같이 발음하도록 규정한다.

㉔ 그 사람의 얼굴은 넓죽[**넙쭉**], 넓적[**넙쩍**], 넓둥글다[**넙뚱글다**]

4학년

    4학년 때 배우는 학습 내용 중 꼭 제대로 알고 넘어가야 하는 문법 개념은 여섯 가지로 정리할 수 있습니다. 먼저 첫 번째는 띄어쓰기입니다. 띄어쓰기는 많은 아이가 헷갈리는 영역이니 정확한 규칙을 익히게 해주세요. 특히, 의존명사의 띄어쓰기는 성인들도 어려워하는 부분입니다. 다음에 제시된 예시를 중심으로 이론을 먼저 익힌 뒤, 문장 속에서 여러 번 반복하며 익숙해지도록 지도해주세요.

〈초등학교 졸업 전 꼭 익혀야 할 띄어쓰기(의존명사)〉

◆ **대표적인 의존명사**

1. 뿐

예 그 많은 사람 중에서 다친 사람이 두 사람뿐이어서 그저 고마울 뿐이다.

'두 사람뿐'처럼 조사로 쓰이는 경우는 붙여 쓰고, 고마울 뿐처럼 의존명사일 때는 띄어 쓴다.

2. 대로

예 약속대로 하세요.

약속한 대로 다 말하세요.

'약속대로'의 대로는 '그와 같이'라는 뜻의 조사이므로 붙여 쓰고, '약속한 대로'는
의존명사이므로 띄어 쓴다.

3. 만큼

⑩ 나도 너만큼 노력했어. 나도 할 만큼 했다고.

'나도 너만큼'의 경우는 '비슷한 정도로'라는 뜻의 조사이므로 붙여 쓰지만, '할 만
큼'의 경우는 의존명사이므로 띄어 쓴다.

4. 만

⑩ 너만 두 번 만에 대학에 합격했어.

'너만'처럼 한정 또는 비교의 뜻의 조사의 경우는 붙여 쓰고, '두 번 만'처럼 시간의
경과나 횟수를 나타내는 경우는 의존명사이므로 띄어 쓴다.

5. 지

⑩ 사과가 큰지 작은지 몰라서 어떻게 먹어야 할지 모르겠다.
　 사과를 먹은 지 오래다.

'사과가 큰지 작은지', '어떻게 먹어야 할지'의 'ㄴ지, ㄹ지'는 어미이므로 붙여 쓰
고, '사과를 먹은 지'의 경우는 시간의 경과를 나타내는 의존 명사이므로 띄어
쓴다.

다음으로 4학년 때 꼭 알고 지나가야 할 문법 개념 두 번째는 유음
화입니다. 유음화는 앞으로 학년이 올라가면서 계속 배우게 되는 개
념이니 꼭 익히고 넘어가도록 합니다.

〈초등학교 졸업 전 꼭 익혀야 할 유음화〉

◆ ㄴ은 ㄹ 앞이나 뒤에서 ㄹ로 발음한다. ㄴ이 ㅀ, ㄾ 뒤에 연결되는 경우도 마찬
가지다.

 한라산[**할라산**], 칼날[**칼랄**], 신라[**실라**], 연료[**열료**], 천리[**철리**], 광한루[**광할
루**], 대관령[**대괄령**], 물난리[**물랄리**], 줄넘기[**줄럼끼**], 할는지[**할른지**], 닳는
[**달른**], 핥네[**할레**]

◆ 예외적인 한자어는 ㄹ을 ㄴ으로 발음한다.

 의견란[**의견난**], 임진란[**임진난**], 판단력[**판단녁**], 결단력[**결딴녁**], 공권력[**공
꿘녁**] 동원령[**동원녕**], 상견례[**상견녜**], 등산로[**등산노**]

4학년 때 꼭 알고 넘어가야 할 문법 개념 세 번째는 연음법칙과 ㅎ
탈락입니다. 특히 연음법칙은 앞서 2, 3학년 때 배우지만, ㅎ 탈락은
처음 배우게 됩니다. 정확한 문법 용어를 외우기 위해 애쓰기보다는
다른 받침은 연음이 되는데 ㅎ은 연음이 되지 않고 탈락한다는 개념
만 익히도록 지도해주세요.

〈초등학교 졸업 전 꼭 익혀야 할 연음법칙과 ㅎ 탈락〉

◆ 국어에서는 어떤 단어가 단독으로 쓰이거나 자음 앞에 놓일 때는 음절의 끝소
리 규칙을 적용한다. 하지만 모음으로 시작하는 조사나 어미, 접사 등의 형식
형태소가 올 때는 그대로 연음(연이어 발음)한다.

 내 눈에 흙이[**흘기**] 들어가도 너희 둘을 허락할 수 없다

 닭장[**닥짱**] 속에는 닭이[**달기**] 닭알을[**다가를**] 매일 낳는다.

예 꽃밭에는[**꼳바테는**] 늘 꽃이[**꼬치**] 예쁘게 피어있다.

◆ ㅎ으로 끝나는 용언 어간 뒤에 모음으로 시작되는 어미나 접미사와 결합할 때 ㅎ이 탈락하여 발음하지 않는다. ㄶ이나 ㅀ도 마찬가지다.

예 낳은[**나은**], 놓아[**노아**], 쌓이다[**싸이다**], 많아[**마나**], 않은[**아는**], 닳아[**다라**], 싫어도[**시러도**]

4학년 때 꼭 알고 넘어가야 할 문법 개념 네 번째는 최근 새로 추가된 표준어입니다. 하나의 표준어만 있다가 두 개 이상의 표준어로 새로 추가된 단어들을 배우는데, 새롭게 추가된 표준어를 낯설어하지 않고 익히도록 지도해주세요.

〈초등학교 졸업 전 꼭 익혀야 할 새로 추가된 표준어〉

간질이다(간지럽히다), 괴발개발(개발새발), 거치적거리다(걸리적거리다), 끼적거리다(끄적거리다), 날개(나래), 남우세스럽다(남사스럽다), 냄새(내음), 두루뭉술하다(두리뭉실하다), 떨어뜨리다(떨구다), 만날(맨날), 먹을거리(먹거리), 메우다(메꾸다), 새치름하다(새초롬하다), 아옹다옹(아웅다웅), 어수룩하다(어리숙하다), 오순도순(오손도손), 자장면(짜장면), 찌뿌듯하다(찌뿌둥하다), 치근거리다(추근거리다), 태껸(택견), 굽실(굽신), 꾀다(꼬시다), 눈두덩(눈두덩이), 딴죽(딴지), 삐치다(삐지다), 사그라지다(사그라들다), ～고 싶다(～고프다), 노라네(노랗네), 동그라네(동그랗네), 조그마네(조그맣네), 예쁘다(이쁘다), 잎사귀(잎새), 차지다(찰지다), 푸르다(푸르르다), 까다롭다(까탈스럽다), 꺼림칙하다(꺼림직하다), 께름칙하다(께름직하다), 치켜세우다(추켜세우다), 추어올리다/추켜올리다(치켜올리다)

4학년 때 꼭 알고 넘어가야 할 문법 개념 다섯 번째는 발음은 비슷하지만 뜻은 다른 단어들입니다. 우리말에는 발음이 비슷하거나 같은데 뜻이 전혀 다른 단어들이 있습니다. 이러한 것들은 초등학교 때부터 고등학교 졸업할 때까지 항상 시험 문제로 나올 뿐 아니라 일상에서도 잘못 적는 경우가 많지요. 다음의 예시는 많은 아이가 중고등학생이 되어도 자주 헷갈리는 대표적인 단어들입니다. 직접 국어사전에서 단어를 찾아 뜻과 용례를 살펴보면서, 발음이 같지만 뜻은 다른 단어들을 익히도록 지도해주세요.

〈초등학교 졸업 전 꼭 익혀야 할 혼동되는 말〉

1. 가름 vs 갈음

가름 쪼개거나 나누어 따로따로 되게 하는 일, 승부나 등수 따위를 정하는 일
예 둘로 가름. 이기고 지는 것은 그것으로 가름이 났다.

갈음 다른 것으로 바꾸어 대신함.
예 새 책상으로 갈음하다.

2. 거름 vs 걸음

거름 식물이 잘 자라도록 땅을 기름지게 하기 위해 주는 물질
예 주말에 텃밭에 거름을 주었다.

걸음 두 발을 번갈아 옮겨 놓는 동작
예 수업 시간에 늦어 빠른 걸음으로 걸었다.

3. 거치다 vs 걷히다

거치다 무엇에 걸리거나 막히다
(예) 산길을 거쳐 왔다.

걷히다 구름이나 안개 따위가 흩어져 없어지다
(예) 안개가 걷히고 햇빛이 들어왔다.

4. 그러므로(그러니까) vs 그럼으로(써)

그러므로 앞의 내용이 뒤 내용의 이유나 원인, 근거가 될 때 쓰는 접속 부사
(예) 그 학생은 착하다. 그러므로 언젠가 상을 받을 것이다.

그럼으로(써) '그러다'의 명사형 '그럼'에 '으로(써)'가 결합한 것으로, '그렇게 하는 것으로(써)'라는 뜻을 나타낸다.
(예) 그녀는 자주 봉사활동을 다닌다. 그럼으로써 즐거움을 느낀다.

5. 느리다 vs 늘이다 vs 늘리다

느리다 어떤 동작을 하는 데 걸리는 시간이 길다.
(예) 속도가 너무 느리다.

늘이다 본디보다 더 길어지게 하다.
(예) 줄을 힘껏 늘인다.

늘리다 물체의 넓이, 부피 따위를 본디보다 커지게 하다.
(예) 사람을 더 늘린다.

6. 다리다 vs 달이다

다리다 옷이나 천 따위의 주름이나 구김을 펴고 줄을 세우기 위해 다리미나 인두로 문지르다.
(예) 바지를 다리다.

달이다 액체 따위를 끓여서 진하게 만들다.
（예） 한약을 달여 먹었다.

7. 마치다 vs 맞히다 vs 맞추다

마치다 어떤 일이나 과정, 절차 따위가 끝나다.
（예） 숙제를 마치다.

맞히다 문제의 답을 틀리지 않게 하다.
（예） 퀴즈의 마지막 문제를 맞히다.

침, 주사 따위로 치료를 받게 하다.
（예） 강아지에게 주사를 맞히다.

물체를 쏘거나 던져서 어떤 물체에 닿게 하다.
（예） 돌을 던져서 나뭇가지를 맞히다.

맞추다 서로 떨어져 있는 부분을 제자리에 맞게 대어 붙이다.
（예） 문짝을 문틀에 맞추다.

둘 이상의 일정한 대상을 나란히 놓고 비교하여 살피다.
（예） 친구와 서로 답을 맞춰보다.

8. 바치다 vs 받치다 vs 받히다 vs 밭치다

위의 네 단어는 사전적 의미가 다양하여 대표적인 예시만 정리했습니다. 아이가 직접 사전에서 단어를 찾아보며 다양한 뜻을 살펴보고 정확한 쓰임을 익히도록 지도해주세요.

바치다 （예） 신에게 제물을 바치다. 관청에 세금을 바치다.

받치다 （예） 쟁반이 없어서 책으로 냄비를 받쳤다.

받히다 （예） 차에 받히는 사고가 났다.

밭치다 （예） 국수를 채에 밭치다.

9. 반드시 vs 반듯이

반드시 틀림없이 꼭

(예) 반드시 이 일을 해내야 한다.

반듯이 작은 물체, 또는 생각이나 행동 따위가 비뚤어지거나 기울거나 굽지 않고
바르게

(예) 책을 반듯이 정리하다.

10. 부치다 vs 붙이다

위의 두 단어는 사전적 의미가 다양하여 대표적인 예시만 정리했습니다. 아이가
직접 사전에서 단어를 찾아보며 다양한 뜻을 살펴보고 정확한 쓰임을 익히도록
지도해주세요.

부치다 (예) 이 일은 내 힘에 부친다. / 편지를 부치다. / 밭을 부치다. / 부침개를 부
치다. / 회의에 부치는 안건

붙이다 (예) 풀을 붙이다. / 의자를 책상에 붙이고 앉다. / 경쟁을 붙이다. / 불을 붙
이다. / 미행하는 사람을 붙이다. / 흥미를 붙이다. / 이름을 붙이다.

11. 안치다 vs 앉히다

안치다 밥, 떡 찌개 따위를 만들기 위해 그 재료를 솥이나 냄비 따위에 넣고 불 위
에 올리다.

(예) 밥을 안치다.

앉히다 '앉다'의 사동사로 쓰이거나, 문서에 줄거리를 따로 적어 놓다, 버릇을 가
르친다는 뜻을 나타내기도 한다.

(예) 유모차에 앉혔다.

12. 이따가 vs 있다가

이따가 조금 지난 뒤에

예 이따가 다시 와라.

있다가 '있다'의 '있–' 에 어떤 동작이나 상태가 끝나고 다른 동작이나 상태로 옮
겨지는 뜻을 나타내는 어미 '–다가' 가 붙은 형태

예 여기에 더 있다가 가겠다.

13. 저리다 vs 절이다

저리다 뼈마디나 몸의 일부가 오래 눌려서 피가 잘 통하지 못하여 감각이 둔하고
아리다.

예 다리가 저리다

절이다 푸성귀나 생선 따위를 소금기나 식초, 설탕 따위에 담가 간이 배어들게
하다.

예 생선을 소금에 절이다.

14. 조리다 vs 졸이다

조리다 양념을 한 고기나 생선, 채소 따위를 국물에 넣고 바짝 끓여서 양념이 배어
들게 하다.

예 멸치를 간장에 조렸다.

졸이다 찌개, 국, 한약 따위의 물을 증발시켜 분량을 적어지게 하다.

예 마음을 졸이며 기다렸다.

15. (으)로서(자격) vs (으)로써(수단)

(으)로서 지위나 신분 또는 자격을 나타내는 격 조사

예 선생으로서 학생을 잘 가르쳐야 한다.

(으)로써 어떤 물건의 재료나 원료를 나타내는 격 조사

예 쌀로써 떡을 만든다.

어떤 일의 수단이나 도구를 나타내는 격 조사

⑩ 말로써 천 냥 빚을 갚는다.

시간을 셈할 때 셈에 넣는 한계를 나타내거나 어떤 일의 기준이 되는 시간임을 나타내는 격 조사

⑩ 드디어 오늘로써 그 일을 끝냈다.

4학년 때 꼭 알고 넘어가야 할 문법 개념 여섯 번째는 자음군단순화 규칙입니다. 4학년 2학기 때 학교에서 ㄹㄱ의 발음에 대해서 공부합니다. 다음은 이 시기에 미리 정리해두면 좋은 자음군단순화 규칙입니다.

〈초등학교 졸업 전 꼭 익혀야 할 자음군단순화 규칙〉

자음군단순화는 음절의 종성에 두 개의 자음(겹받침)이 놓일 때 이 중에 하나를 탈락시키는 현상이다. 국어의 음절 끝소리에서는 하나의 자음만 발음될 수 있기 때문에 겹받침을 가진 단어의 경우 반드시 하나가 탈락한다. 하지만 모음으로 시작하는 조사(이/을), 어미(았/었), 접사(이/음) 등의 문법적인 의미를 지닌 형식형태소가 올 때 이 현상은 일어나지 않는다. 앞서 3학년 1학기 때 겹받침을 익힐 때 공부했던 연음현상이 일어나기 때문이다. 예를 들어서 '닭이 아주 크다' 와 '닭을 잡았다'에서 '이' 와 '을'은 조사이다. '흙을 밟았다'에서 '−았−' 또한 어미로 혼자 쓰일 수 없고, '과거'라는 문법적인 관계만 나타내는 말이다.

모음으로 시작하는 형식 형태소가 겹받침 뒤에 오는 경우를 제외하면 자음군단순화가 일어난다고 생각하면 된다. ㄼ과 ㄹㄱ을 제외하고는 어떤 자음이 탈락하는지는 정해져 있다. 겹받침 ㄳ, ㄵ, ㄼ, ㄽ, ㄾ, ㅄ은 어말 또는 자음 앞에서 각각 ㄱ, ㄴ,

ㄹ,ㅂ으로 발음한다. 즉, 겹받침 중에서 앞 자음으로 발음한다고 보면 된다.

1. ㄳ

> ⓔ 내 몫과[**목꽈**] 네 몫을[**목쓸**] 잘 구분해라.

2. ㄵ

> ⓔ 그가 의자에 앉자[**안짜**] 나도 의자에 앉았다[**안잗따**]

3. ㄼ

> ⓔ 그는 여덟[**여덜**] 살 때부터 아주 총명했다.

다만, '밟–'은 자음 앞에서 [**밥**]으로 발음한다.

> ⓔ 사뿐히 즈려밟고[**밥꼬**] 가시옵소서.

'넓–'은 넓–죽하다, 넓–둥글다에서 각각 [**넙**]으로 발음한다.

> ⓔ 오빠의 얼굴은 넓죽하다[**넙쭈카다**]. 동생의 얼굴은 넓둥글다[**넙뚱글다**].

4. ㄽ

> ⓔ 낚시에 외곬[**외골**] 하는 인생

5. ㄾ

> ⓔ 고양이가 생선을 핥다[**할따**]가 도망쳤다.

6. ㅄ

> ⓔ 값어치[**가버치**]가 없는[**업는 ➡ 엄는**] 물건은 없다[**업따**].

7. 겹받침 중 뒤의 자음으로 발음하는 것도 있다. 겹받침 ㄺ, ㄻ, ㄿ은 어말 또는 자음 앞에서 각각 [ㄱ, ㅁ, ㅂ]으로 발음한다.

> ⓔ ㄺ 닭[**닥**], 맑다[**막따**], 늙지[**늑찌**]

다만, ㄺ이 동사나 형용사에서 형태가 변하지 않는 부분의 마지막 음일 경우에는 ㄱ 앞에서 [ㄹ]로 발음한다.

예 맑게[**말께**], 맑고[**말꼬**], 읽고[**일꼬**], 읽거나[**일꺼나**], 얽고[**얼꼬**]

4학년 때 꼭 알고 넘어가야 할 문법 개념 마지막은 표준어와 방언의 구분입니다. 이는 앞으로 시험에서 자주 만나게 되는 상당히 중요한 영역이므로 다음의 내용을 살펴보며 반복해서 익히도록 지도해주세요.

〈초등학교 졸업 전 꼭 익혀야 할 표준어와 방언〉

예 시골 읍내 구경을 가서 보말 칼국수에 녹두 부치기를 먹었다. 할머니 댁으로 돌아오는 길에 아바이 떡집에서 인절미와 오모가리 해장국을 사왔다. 할매 김치와 먹으면 맛있다는 올갱이 된장국은 다음에 먹기로 했다.

⇨ 보말(제주도) ➜ 고둥 / 부치기(충청도, 황해도) ➜ 부침개 / 아바이(평안도) ➜ 아버지 / 오모가리(전라도) ➜ 뚝배기 / 할매(경상도) ➜ 할머니 / 올갱이(강원도, 충청도) ➜ 다슬기

5학년

5학년 때는 문법 개념뿐 아니라 앞으로 중고등학생 때까지 계속 접하게 되는 국어 개념을 배웁니다. 먼저, 첫 번째는 설명하는 방법입니다. 설명하는 방식은 중고등학교와 수능 때 단골 시험 문제입니다. 다음에 제시한 내용을 살펴보며 다양한 설명 방식을 익히도록 지도해주세요. 설명하는 방법의 개념을 익히고 그림이나 예문을 이용해서 완전히 체화하는 것이 효과적입니다.

〈초등학교 졸업 전 꼭 익혀야 할 설명하는 방법〉

1. **비교** 둘 이상의 대상을 견주어 유사점을 중심으로 진술하는 방식
   예 개와 고양이는 사람들과 친하며 애완동물이라는 점에서 비슷하다.

2. **대조** 둘 이상의 대상을 견주어 차이점을 중심으로 진술하는 방식
   예 개는 주로 낮 시간대에 활동하는 데 반해, 고양이는 주로 밤 시간대에 활동한다.

3. **분석** 복잡한 현상이나 대상 등을 단순한 요소나 부분으로 나누어 설명하는 방식
   예 시계는 시침, 분침, 초침과 숫자판으로 이루어져 있다.

4. **구분** 종류에 따라 공통점을 기준으로 묶어서 설명하는 방식
   예 희곡은 해설, 대사, 지시문으로 구성된다.

5. **분류** 유개념에 포함되는 종개념들을 명확히 구분하여 체계적으로 정리하는 방식

   ⓔ 동사와 형용사를 용언이라 한다.

6. **유추** 두 개의 사물이 여러 면에서 비슷하다는 것을 근거로 다른 속성도 유사할 것이라고 미루어 짐작하는 방식

   ⓔ 마라톤은 목적을 갖고 뛰어야 완주가 가능한 것처럼 우리 인생도 목표를 갖고 노력하는 사람이 성공한다.

7. **열거** 유사한 기능을 하거나 의미의 유사성을 가진 대상들을 나열하는 방식

   ⓔ 내가 좋아하는 음식은 피자, 샌드위치, 햄버거 등이다.

5학년 때 꼭 알고 넘어가야 할 개념 두 번째는 글쓴이의 주장을 파악하는 방법입니다. 비문학 독서의 기초가 되는 내용이므로 꼼꼼하게 공부할 필요가 있습니다. 글을 읽고 글쓴이의 주장을 파악하는 기초적인 방법과 근거의 적절성을 파악하며 글을 읽는 방법은 다음과 같습니다.

〈초등학교 졸업 전 꼭 익혀야 할 글쓴이의 주장을 파악하는 방법〉

1. 글쓴이가 여러 번 강조해 사용한 낱말이 무엇인지 확인한다.

2. 각 단락의 중심 문장을 확인한다.

3. 글쓴이의 의견이 무엇인지 알아보고, 그에 대한 근거를 살펴본다.

4. 글의 제목을 살펴보고 주장을 추측한다.

〈초등학교 졸업 전 꼭 익혀야 할 근거의 적절성을 파악하며 글을 읽는 방법〉

1. 글을 읽고 글쓴이의 주장을 파악한다.

2. 각 단락의 중심 내용을 살펴보며 글쓴이의 주장을 뒷받침하는 근거를 찾아본다.

3. 찾은 근거가 주장과 관련이 있는지 알아본다.

4. 제시한 근거가 주장의 설득력을 높이는지 알아본다.

5. 제시한 근거에 알맞은 낱말을 썼는지 살펴본다.

5학년 때 꼭 알고 넘어가야 할 개념 세 번째는 단일어와 복합어입니다. 단어의 짜임을 확실히 이해하도록 지도해주세요.

〈초등학교 졸업 전 꼭 익혀야 할 단어의 짜임〉

◆ **단일어** 하나의 실질 형태소로 된 말로, 더 이상 쪼갤 수 없다.
예 하늘, 복숭아, 수박, 감자, 자두, 오이, 수건, 물, 비, 밥, 길

◆ **복합어** 하나의 실질 형태소에 접사가 붙거나 두 개 이상의 실질 형태소가 결합된 말

◆ **합성어** 둘 이상의 실질 형태소가 결합하여 하나의 단어가 된 말
예 바늘방석, 사과나무, 산딸기, 방울토마토, 손수레, 눈사람, 구름다리, 비구름, 김밥, 새우잠, 책가방, 돌다리, 뛰놀다, 골목길, 꽃길, 눈길, 길동무, 강물, 밥그릇, 검붉다

◆ **파생어** 실질 형태소에 접사가 결합하여 하나의 단어가 된 말
예 맨주먹, 맨발, 햇밤, 햇곡식, 애벌레, 애호박, 풋사과, 풋고추, 덧신, 나무꾼, 낚시꾼, 장난꾸러기, 말썽꾸러기, 바느질

5학년 때 꼭 알고 넘어가야 할 개념 마지막은 문장 성분의 호응 관계입니다. 아이가 이를 확실히 정리하고 다음으로 넘어가도록 지도해주세요. 문장의 호응 관계란 시제에 따라서 과거, 현재, 미래를 나타내는 말이 오면 이에 맞는 시제를 호응해서 써주고, '까닭은'이라는 말이 나오면 '- 때문이다'가 호응 관계로 따라와야 한다는 개념입니다. 또한, 웃어른께는 높임 표현이 적절한 호응이고 '결코', '전혀', '별로' 같은 표현은 부정어로 끝나는 문장에서 쓰여야 합니다. 호응 관계와 관련된 시험 문제는 '다음 중 어색한 문장을 고르시오.'와 같은 형태로 자주 출제되니 대표적인 호응 관계를 정리하여 익혀두어야 합니다.

〈초등학교 졸업 전 꼭 익혀야 할 문장 호응 관계〉

예 나는 친구가 거짓말을 한 것이 결코 바른 행동이라고 생각한다.
선생님 말씀은 전혀 들어본 내용이었다.
나는 책 읽기를 별로 좋아하는 편이다.

→ 결코, 전혀, 별로는 부정어와 호응한다. 따라서 서술어를 각각 '생각하지 않는다, 들어보지 못한, 편이 아니다'로 바꿔야 옳다.

예 키와 몸무게가 늘었다.

→ '늘었다'라는 서술어는 몸무게와 잘 호응되지만, 키는 어울리지 않는다. 따라서 '키가 자라고 몸무게도 늘었다'처럼 수정해야 한다.

예 민아는 어제 책을 세 시간 동안 읽는다.
현민이는 내일 야구장에 갔다.

→ 과거, 현재, 미래를 표시하는 시간 부사어와 시제를 표시하는 선어말어미를 잘 맞춰 사용해야 한다. '어제'는 과거이므로 '읽는다'에서처럼 현재시제를 나타내는 선어말어미 '–는–'을 사용해서는 안 된다. '읽었다'와 같이 과거시제 선어말어미 '–았/었–'과 써야 한다. 이와 같은 맥락에서, '내일'은 미래이므로 '갈 것이다'와 같이 바꿔야 한다.

예 할머니가 잠을 잔다.
아버지가 온다.

→ 할머니나 아버지는 높임의 대상이다. 따라서 그에 맞게 '할머니는 잠을 주무신다', '아버지께서 오신다'처럼 적절한 조사나 서술어를 사용해야 한다.

부록 2

최신 수능
10년 빅데이터
완벽 분석

1. 경제 경영

출제 연도	월	학년	소분류	제목(책)	내용 요약
2010	3	고1	경제	이준구, 조세의 경제학	정책 수단으로 사용되는 조세제도: 조세는 개인이나 기업의 행동을 일정한 방향으로 유도하는 수단으로 사용됨
2010	3	고1	경제	이준구, 새 열린 경제학	거품 현상의 개념과 원인 및 결과
2010	3	고1	경제	한국은행, 알기 쉬운 경제 이야기	수요 탄력성의 개념과 적용
2010	3	고1	경제	안광복, 마케팅 원론	손익 분기점 분석의 원리와 효과
2010	3	고3	경제		자기 결박적 약속의 경제학적 개념
2010	3	고3	경제		브랜드 대안 평가의 두 가지 방식: 보완적 방식과 비보완적 방식
2011	3	고1	경제	김재휘, 구매 후의 광고 탐색	인지부조화 관점에서 바라 본 구매 후의 광고 탐색
2011	3	고1	경제	도미니크 살바토레, 국제무역론	국제 무역의 발생 원인 및 이익
2011	3	고1	경제	이준구, 경제학 원론	조세 부과시 고려해야 하는 효율성과 공평성
2011	3	고3	경제		복수 금리 결정 방식과 단일 금리 결정 방식
2011	3	고3	경제		경기 변동의 원인에 대한 루카스의 관점
2011	3	고3	경제		이부가격설정의 개념
2012	3	고3	경제		주식회사 운영 원리
2012	6	고1	경제	Mankiw, 김경환 번역, 맨큐의 경제학	매몰 비용의 개념

출제 연도	월	학년	소분류	제목(책)	내용 요약
2012	6	고1	경제	이학식, 소비자 행동	제품 선택에 영향을 미치는 소비자 태도
2012	6	고1	경제	김철환, 소득효과와 열등재	정상재와 열등재의 개념 및 수요 변화의 원인
2012	6	고3	경제		유명인 모델의 광고 출연이 끼치는 광고 효과
2012	6	고3	경영		'인센티브 계약'의 명시적 계약과 암묵적 계약 방식
2013	6	고1	경제	이대중, 협동조합 참 쉽다	협동조합의 개념과 특징
2013	6	고1	경제	안광복, 베블런과 브룩스로 읽는 소비의 종말	베블런과 브룩스 이론을 통해 본 소비형태의 변화
2013	6	고3	경제		명시적 인센티브 계약, 암시적 인센티브 계약의 개념과 문제점
2013	6	고3	경제		광고 규제 '기업 책임 부담 원칙' (법률+광고)
2014	6	고1	경제	박정호, 고급 커피의 가격은 어떻게 결정되는가	경매가 가격 결정방식으로 사용되는 이유와 종류
2014	6	고3	경제		통화 정책의 개념과 요건, 민간의 통화 정책에 대한 신뢰성: '준칙주의'와 '재량주의
2014	6	고3	경제		전통적인 경제학에서의 금융감독 정책과 문제점, 거시 건전성 정책
2014	9	고2	경제	제품수명주기	제품수명주기의 네 단계– 도입기, 성장기, 성숙기, 쇠퇴기
2014	9	고1	경제	웹 2.0 경제학	긴 꼬리 경제와 온라인 시장의 자발적 소비 집단
2015	9	고1	경제	김영세, 신호와 선별	경제 주체의 속성을 알려주는 경제학에서의 신호 개념과 신호의 종류

출제 연도	월	학년	소분류	제목(책)	내용 요약
2015	9	고1	경제	박명희, 소비자 의사결정론	가격분산의 개념과 원인: 판매자의 경제적인 이유, 소비자 시장구조, 재화의 특성, 소비자에 의한 요인
2015	9	고2	경제	죽은 경제학자의 살아있는 아이디어	사회 변화에 따른 경제학의 변천 과정: 케인즈의 유효수요이론
2015	9	고2	경제	묶음제품의 가격제시 프레이밍이 매몰비용에 대한 주의에 미치는 영향	매몰비용효과의 개념과 거래커플링과 디커플링에 대한 용어 설명
2015	9	고2	경제	사회적 자본	사회적 자본의 여러 가지 정의 – 제임스 콜만, 로버트 퍼트남, 조이스 버그
2015	9	고3	경제		경제 성장의 인과 관계: 제도 결정론과 지리 결정론
2015	9	고3	경제		환율의 상승이 경상 수지에 미치는 영향과 J커브
2015	9	고3	경제		'한계 비용'의 개념과 자원 배분의 효율성
2016	9	고2	경제	생각의 배신	정부의 마중물 효과의 개념과 마중물 효과를 활용한 마케팅의 특징
2016	9	고1	경제	전략적 공약을 통한 이윤추구 행위	전략적 공약을 통한 기업의 이윤 추구 행위
2016	9	고1	경제	금융감독원, 고등학교 생활금융	이자율과 실효수익률, 명목금리와 실질금리 등
2016	9	고2	경제	생활경제학	회계학적 이윤과 경제학적 이윤, 손익분기점의 개념
2016	9	고2	경제	분배의 재구성	최저소득보장제의 개념과 대안으로 떠오른 기본소득제
2016	9	고3	경제		그로티우스의 법철학과 자연법
2016	9	고3	경제		해시 함수의 온라인 경매 활용성

출제 연도	월	학년	소분류	제목(책)	내용 요약
2016	9	고3	경제		소비자의 권익을 위해 국가가 집행하는 정책 중 '경쟁 정책'에 대한 생산적 효율과 배분적 효율 측면
2017	9	고2	경제	월간회계	확장적 통화정책의 활용: 통화주의 VS 케인스주의
2017	9	고1	경제	플랫폼의 미래, 서브스크립션	구독경제의 개념과 소비자의 구독경제 이용 방법, 이점, 확산 등
2017	11	고2	경제	맨큐의 경제학	경기 침체 때 발생하는 승수 효과의 개념
2017	11	고2	경제	미시경제학	기업의 '묶어 팔기'의 개념과 사례
2017	11	고3	경제		채권의 개념, 채권 가격의 결정 요인
2017	11	고3	경제		외부성으로 인한 비효율성 문제, 전통적인 경제학의 외부성 해결책의 한계
2018	11	고2	경제	경제학원론	소비이론: 항상소득이론과 생애주기이론
2018	11	고2	경제	미시경제학	노동 공급의 임금탄력성에 따른 경제적 지대가 달라지는 경제 현상
2018	11	고3	경제		공적 연금 제도의 실시 목적, 운영 방식
2018	11	고3	경영	노나카 이쿠지로	지식 경영론과 지식 변환 과정의 4가지 유형화: 공동화, 표출화, 연결화, 내면화
2019	11	고2	경제	국제무역론	무역 이론의 비교: 고전 무역 이론과 신무역이론, 규모의 경제에 대한 개념
2019	11	고2	경제	파생상품론	파생상품의 정의와 기능, 등장 배경과 종류
2019	11	고3	경제		조건의 실현 여부에 따른 보험제도
2019	11	고3	경제		정부의 정책 수단이 가지는 네 가지 측면과 환율과 관련된 경제 현상
2019	11	고3	경제		채권과 채무, 채무 불이행의 책임
2019	11	고3	경제		BIS 비율의 개념과 바젤 협약의 수정, 보완 과정

2. 과학 기술

출제연도	월	학년	소분류	제목(책)	내용 요약
2010	3	고1	지구과학	한국지구과학회, 재미있는 지구과학 이야기	지구 자기장의 생성원리와 역할
2010	3	고1	화학	일본화학회, 일상에서 과학을 보다	세탁기 기술의 발전방향에 대한 전망
2010	3	고1	기술	홍제남, 지역난방의 원리	지역난방의 원리와 의의
2010	3	고1	생물	박태현, 영화 속의 바이오테크놀로지	후각의 인식 과정
2010	3	고1	물리	서울과학교사모임, 모래시계의 비밀	모래시계의 작동 원리
2010	3	고1	물리	서울과학교사모임, 제습기의 비밀	제습기의 작동 원리
2010	3	고1	기술	나눔과 기술, 36.5도의 과학기술 적정기술	항아리 냉장고에 적용된 과학 원리
2010	3	고1	물리	최상일, 소매치기도 뉴턴은 안다	상대속도의 개념
2010	3	고3	물리		열전반도체의 원리
2010	3	고3	생명		DNA의 구조와 복제 과정과 텔로미어
2010	3	고3	기술		컴퓨터 사용자 인터페이스 스킨풋의 원리
2010	3	고3	생명		시스템 생물학의 등장 배경과 개념

출제 연도	월	학년	소분류	제목(책)	내용 요약
2010	3	고3	기술		암호를 만드는 방식: '전치' 방식과 '환자' 방식
2010	3	고3	지구과학		슬라이퍼가 발견한 '적색 변이' 현상
2010	3	고3	기술		생산 설비의 효율적 배치: 제품별 배치, 기능별 배치
2010	3	고3	지구과학		광물학에서의 면각 일정의 법칙 개념과 결정 성장 과정
2011	3	고1	기술	김재창, 이산화탄소 포집 및 저장 기술	지구온난화의 주범인 이산화탄소를 포집하여 저장하는 CCS 기술 설명
2011	3	고1	물리	이재인, 건축 속 과학 이야기	엘리베이터의 작동 원리
2011	3	고1	생명	캠벨, 생명과학	생태적 지위가 유사한 개체군들이 같은 비역에 서식하며 발생하는 현상과 이에 대한 개체군의 대응
2011	3	고1	물리	전영석, 톡톡 튀는 소리의 세계	음파의 속성과 어군 탐지기 및 지구온난화 연구 실험
2011	3	고1	생명	이은희, 바이러스, 생명의 비밀을 말하다	박테리오파지에 대한 설명
2011	3	고1	물리	백성혜, 계와 주위	계와 주위, 경계의 개념
2011	3	고1	물리	이남영, 정태문, 교양인을 위한 물리지식	GPS가 위치를 파악하는 원리 설명
2011	3	고3	기술		스마트폰에 적용되는 가속도 센서의 원리
2011	3	고3	물리		열복사, 전자기파, 흑체복사의 개념
2011	3	고3	지구과학		태양빛의 산란 원리 '레일리 산란'
2011	3	고3	기술		스프링쿨러의 원리
2011	3	고3	물리		뉴턴의 절대 공간 개념과 마흐의 새로운 공간 개념

출제 연도	월	학년	소분류	제목(책)	내용 요약
2011	3	고3	물리	권민정 외, 파동과 음파	파동의 진행 속도
2011	3	고3	물리		가법 혼합과 감법 혼합의 원리
2011	3	고3	생명	인체생리학	콩팥에서 일어나는 혈액 여과의 과정과 사구체 여과의 원리
2011	6	고3	기술		OTP 기술의 원리
2012	6	고1	기술	송성근, 전통의 거리 측량기구, 기리고차	기리고차의 거리 측정 원리
2012	6	고1	지구 과학	자연탐사학교, 번개는 어떻게 만들어질까	번개가 발생하는 원리
2012	6	고1	기술	꿈꾸는 과학, 뒷간에서 주웠어, 뭘?	조선시대 활인 각궁의 우수성을 화살이 날아가는 원리를 통해 설명
2012	6	고1	의학	김창규, 가장 오랫동안 의학을 지배한 사람, 갈레노스	갈레노스와 의학 이론 소개
2012	6	고1	기술	신창훈, 셰일 가스 개발 핵심 기술 조사 및 분류	셰일 가스 채굴법에 관한 설명
2012	6	고1	지구과학	김경익, 생활환경과 기상	집중 호우의 메커니즘 설명
2012	6	고1	기술	주영창, M램	차세대 메모리 장치 M램에 대한 설명
2012	6	고1	화학	서인호, 화학 스페셜	화학적 친화력에 대한 연구과정
2012	6	고1	기술	진혜진, 네트워크 개론	패킷(메시지 전송 단위) 교환 방식에 대한 설명
2012	6	고3	생명		가위바위보의 관계와 생물 다양성의 연관성
2012	6	고3	생명		'귀의 소리' 측정 기술
2012	6	고3	기술		자동차 엔진의 작동 원리
2012	6	고3	지구 과학		사막의 형성 요인

출제 연도	월	학년	소분류	제목(책)	내용 요약
2012	6	고3	기술		진공관, 트랜지스터의 원리와 기능
2012	6	고3	생명		운동에 작용하는 운동생리학적 원리
2012	6	고3	기술		하드 디스크와 디스크 스케줄링
2012	6	고3	생명		식물 줄기에서 물이 이동하는 원리 '수분 퍼텐셜'
2012	6	고3	기술		플래쉬 메모리의 구조와 사용 원리
2012	6	고3	생명		입체 지각의 원리와 단안 단서
2012	6	고3	기술		발광 효율과 발광 다이오드
2012	6	고3	지구과학		별의 겉보기 등급과 절대 등급
2013	6	고1	화학	줌달, 일반화학	증기압을 통해 본 끓는점의 상승 이유
2013	6	고1	기술	김연우, 하드디스크를 대체하는 고속의 보조기억장치 SSD	SSD의 장점
2013	6	고1	생명	유영제, 생명과학 교과서는 살아있다.	인체에 발생하는 노폐물 제거 방법 설명
2013	6	고1	물리	유재준, 호기심의 과학	북극해빙은 왜 녹지 않는가, 열에너지의 전달원리, 물체의 면적과 부피간의 관계
2013	6	고1	생명	홍준의, 살아있는 과학 교과서	식물이 물을 끌어올리는 원리
2013	6	고3	화학		우유 원유를 열처리하는 방법
2013	6	고3	기술		지문 인식 시스템의 원리와 종류 – 광학식 지문 입력 장치, 정전형 센서식 지문 입력 장치, 초전형 센서식 지문 입력 장치
2013	6	고3	물리		원자 모형의 발전 양상
2013	6	고3	지구과학		우주의 암흑 물질이 관측되는 과정

출제 연도	월	학년	소분류	제목(책)	내용 요약
2013	6	고3	생명		컴퓨터의 인공 신경망 기술
2013	6	고3	기술		인터넷 사용자가 어떤 사이트에 접속하는 과정을 설명한 후, 그 과정에서 발생할 수 있는 DNS 스푸핑이 일어나는 과정
2013	6	고3	생명		생물학에서의 개체성
2013	9	고1	기술	아라키, 냉동건조란 무엇인가	냉동 건조 기술의 원리, 장점과 앞으로의 해결 과제
2013	9	고1	지구과학	기상청, 태풍	태풍의 정의와 원인, 발생 과정, 진행 방향, 영향권 등
2013	9	고2	과학	생물과 무생물 사이	'동적 평형'의 개념과 사례
2013	9	고2	과학	물리학강의	현대의 양자 역학: 아인슈타인의 광양자설
2013	9	고3	생명		생물기원퇴적물의 종류
2013	9	고3	지구과학		심해저의 다양한 퇴적물 종류
2013	9	고3	기술		가스 센서의 개념과 저항형 가스 센서의 원리, 성능
2014	9	고1	기술	찰스 밥콕, 클라우드 혁명	클라우드 서비스 개념
2014	9	고1	물리	폴 휴이트, 수학 없는 물리	등속 원운동을 하는 물체에 작용하는 여러 힘: 구심력, 원심력 등
2014	9	고1	생명	안철희, 유전자 치료에 사용되는 고분자	유전차 치료에서 바이러스성 벡터의 한계와 비바이러스성 벡터의 장점

출제 연도	월	학년	소분류	제목(책)	내용 요약
2014	9	고1	기술	항공우주연구원, 항공우주지식백과	인공위성에 적용되는 작용 반작용과 반작용 휠의 원리
2014	9	고1	화학	전동렬 외, 물의 화학적 성질과 생명 현상	물 분자의 특징
2014	9	고2	과학	구장산술 주비산경	토지의 측량과 배분: 다양한 모양에 대한 토지의 넓이 계산방법
2014	9	고2	과학	현대물리학	각운동량 보존의 법칙에 대한 개념과 관련 물리 현상
2014	9	고2	기술	탄성파 굴절법 탐사	탄성파 굴절법의 개념과 활용 사례: 백제 시대 공산성의 원형 연못
2014	9	고2	기술	전도성 고분자를 이용한 약물 전달 시스템 연구	약물을 투여하는 일반적인 방법−단순 약물 방출과 능동적 약물 방출
2014	9	고2	과학	식물이 씨앗을 날리는 방법	식물이 씨앗을 날리는 방법과 과정 분석
2014	9	고2	기술	소방경보시스템공학	화재를 감지하는 불꽃 감지기의 원리와 종류−적외선 감지와 자외선 감지
2014	9	고2	과학	대학물리학	입자의 표준 모형의 개념과 변천 과정
2014	9	고2	과학	수학 없는 물리	여러 가지 물리량에 대한 개념: 속력, 속도, 가속도
2014	9	고2	기술	더블데크 행선층 예약 시스템	행선 예보 방식의 개념과 진행 과정
2014	9	고3	물리		뉴턴의 역학 체계
2014	9	고3	물리		아인슈타인의 시간의 상대성 개념
2014	9	고3	기술		디지털 피아노의 작동 원리
2014	9	고3	기술		포토리소그래피 공정을 사용한 반도체 생산 기술
2014	9	고3	물리		멕스웰의 이론을 통한 기체 분자 속력 분포 확인

출제 연도	월	학년	소분류	제목(책)	내용 요약
2014	9	고3	화학		맥스웰의 기체 분자 속력 분포 이론
2014	9	고3	기술		X선과 CT의 원리, 역투사의 개념
2014	9	고3	물리		회전 운동 물체의 각운동량 보존 법칙과 그 원리
2014	9	고3	생명		동물의 길찾기 방법 '장소기억', '재정위', '경로적분'
2015	9	고2	과학	스티븐 제이 굴드, 판다의 엄지	4년마다 하루가 길어지는 이유
2015	9	고1	물리		우주정거장에서 폐수처리를 하는 원리: 원심력
2015	9	고1	화학		중합 효소 연쇄 반응의 단계
2015	9	고1	기술		우주 탐사선 – 스윙바이의 원리
2015	9	고1	기술		자동폐색장치와 자동열차제어장치
2015	9	고2	과학	이광연의 수학 블로그	종이접기의 과학
2015	9	고2	과학	동물의 눈동자 모양은 왜 다를까	동물들의 생존 방식에 따라 달라지는 눈동자의 모양
2015	9	고2	기술	히라오 요시미츠, 문화재를 연구하는 과학의 눈	미술품 복원 작업의 종류: X선투과사진법, 형광X선분석법이 활용되는 원리
2015	9	고2	과학	최신 생물학	생체 내 효소의 촉매 반응
2015	9	고3	기술		컴퓨터 중앙 처리 장치의 스케줄링
2015	9	고3	물리		점탄성의 성질과 점탄성체의 특징
2015	9	고3	화학		인간의 후각의 특징
2015	9	고3	생명		산화 작용에 의한 지방질의 산패
2015	9	고3	생명		컴퓨터 해시 함수의 특성과 이용
2015	9	고3	생명		암 치료 항암제의 종류 – 신호 전달 억제제, 신생 혈관 억제제

출제 연도	월	학년	소분류	제목(책)	내용 요약
2015	9	고3	기술		콘크리트의 제조 원리와 발전 과정
2015	9	고3	물리		시대에 따른 열역학의 탐구 변화
2015	9	고3	물리		상호 배타적인 상태가 공존하는 양자 역학과 비고전 논리
2016	9	고1	생명		간의 구조와 혈액 공급 방식
2016	9	고1	기술	미래를 읽다 과학이슈	인체의 자연치유력과 오토파지의 원리와 과정
2016	9	고1	기술		하이라이트 레인지와 인덕션 레인지
2016	9	고2	과학	토마스 쿤, 과학혁명의 구조	토머스 쿤이 제시한 '패러다임'의 개념과 예시: 연소 이론
2016	11	고2	과학	테마가 있는 20가지 과학 이야기	유성'의 개념과 잘 관찰되는 시간
2016	11	고2	기술	담수화 기술의 현황 및 기술개발 동향	해수 담수화 기술−다단 플래시 방식의 개념과 단계
2016	11	고2	과학	예술유전학	종합효소 연쇄반응을 이용한 DNA의 대량 복제
2016	11	고2	기술	생활 속의 전기전자	접지의 개념과 원리−설비접지와 기기접지
2016	11	고3	기술		소프트웨어 개발에서 자료 관리를 위한 구조인 '배열'과 '연결 리스트'의 원리와 '포인터'
2016	11	고3	지구과학		율리우스력과 그레고리력의 개념
2016	11	고3	기술		양자 역학의 불확정성의 원리
2016	11	고3	기술		이어폰에서 소리 공간감을 느끼게 되는 원리
2017	11	고2	과학	100가지 수학이야기	동물의 무늬가 생기는 원리와 확산제와 억제제의 작용

출제연도	월	학년	소분류	제목(책)	내용 요약
2017	11	고2	과학	뉴튼	우주선의 선체가 고온이 되는 이유: '공력 가열'의 개념과 문제점
2017	11	고2	기술	초경합금의 방전가공기술	방전 가공의 개념과 방전 가공이 이루어지는 과정
2017	11	고2	과학	식물생리학	질소 고정의 개념과 진행 과정
2017	11	고2	과학	알기 쉬운 물리학 강의	운동량과 운동에너지를 통해 본 다양한 충돌 현상의 이해
2017	11	고2	기술	최신자동차전기	에어백의 작동 원리와 과정
2017	11	고3	기술		컴퓨터의 음성 인식 기술의 개념과 원리
2017	11	고3	물리	이상 기체 상태 방정식과 반데르발스 상태 방정식	
2017	11	고3	화학		반데르발스 상태 방정식의 개념
2017	11	고3	지구과학		지구상의 운동하는 물체에 작용하는 가상적인 힘: 전향력
2017	11	고3	화학		키르히호프의 분광 분석법과 원리의 적용을 통한 과학적 성과
2018	11	고2	과학	혈액학	철의 평형 상태 유지 원리
2018	11	고2	과학	어지러움	우리 몸의 평형 상태 여부를 감지하는 원리
2018	11	고2	기술	박막공학	진공 증착 기술을 활용하여 기관에 박막을 형성하는 과정과 원리
2018	11	고2	과학	분자생물학 입문서	세포 내의 소기관인 소포체의 기능과 소포체 스트레스의 원인
2018	11	고3	기술		디지털 영상의 확대와 축소 원리
2018	11	고3	생명		단백질의 분해와 합성
2018	11	고3	지구과학		달과 지구의 공전 궤도에서 나타나는 공통된 현상

출제 연도	월	학년	소분류	제목(책)	내용 요약
2018	11	고3	기술		돌림힘과 알짜 돌림힘의 개념
2018	11	고3	기술		빗방울의 낙하 속도(종단 속도)원리
2019	11	고2	과학	생명과학	호흡의 분류(외호흡, 내호흡)와 호흡이 일어나는 원리
2019	11	고2	과학	과학으로 만드는 자동차	탄성력에 의한 퍼텐셜 에너지의 전환과 진동의 감쇠 현상
2019	11	고2	기술	비행의 시대	비행기의 운동을 측정하는 기능: 가속도 센서와 자이로스코프
2019	11	고2	기술	데이터 통신	전자요금징수시스템의 과정과 방식
2019	11	고3	기술		'애벌런치 광다이오드'의 구조와 기능
2019	11	고3	생명		반추 동물의 소화 과정
2019	11	고3	기술		디지털 데이터의 부호화 과정
2019	11	고3	지구과학		서양의 우주론, 코페르니쿠스 천문학, 뉴턴의 태양 중심설
2019	11	고3	생명		이식편과 레트로바이러스의 개념

3. 법정 행정

출제 연도	월	학년	소분류	제목(책)	내용 요약
2010	3	고1	법	이상돈, MT 법학	죄형법정주의
2010	3	고3	법		사회보험 제도의 강제성에 대한 의문, 사회보험 제도 강제성의 정당성
2010	6	고3	법		언론 보도로 인한 명예 훼손 피해 구제 방법 : 반론권
2011	3	고1	법	김기태, 저작권	저작권의 개념과 무방식주의, 지적재산권, 저작인격권
2012	6	고1	법	법무부, 청소년과 계약	미성년자의 계약에 관한 법
2012	11	고2	행정	공정과 정의 사회	사회 복지 제도의 분류: 공공부조, 사회보험, 사회수당, 사회서비스
2013	3	고3	법		개인 정보 보호법
2013	6	고3	행정		대의 민주주의와 근대 정치의 딜레마
2013	11	고3	법		방송법의 간접 광고 조항 개념과 특성
2014	6	고1	정치	최진기, 동양 고전의 바다에 빠져라	한비자의 통치철학인 법, 세, 술을 설명
2014	6	고3	법		손해 배상 책임의 요건에 대한 조건
2014	6	고3	법		저작물의 공정 이용 규정과 저작물의 공유 캠페인
2014	9	고1	행정	진영재, 정치학 총론	정치 문화의 세 가지 종류: 편입형 정치 문화, 신민형 정치 문화, 참여형 정치 문화

출제 연도	월	학년	소분류	제목(책)	내용 요약
2014	9	고3	법		공동 소송, 집단 소송, 단체 소송의 개념과 사례
2014	11	고3	행정		공공 서비스의 민간 위탁
2015	9	고1	법		유교 사회 법의 법적 안정성, 합목적성, 평등의 정신
2015	9	고2	법률	입법총론	민주주의에서 의회가 갖는 역할: 사회 갈등을 입법 과정으로 해결하는 방법
2015	9	고3	행정		지방 자치 단체의 정책 결정 과정
2015	11	고2	행정	행정구제법	행정 구제 제도에 대한 이해: 행정상 손해전보와 행정 쟁송
2015	11	고3	법		'부관'의 개념과 법률적 효력
2016	6	고3	법		징벌적 손해 배상 제도의 내용과 찬반양론
2016	11	고2	행정	도시계획의 이해	도시내부구조를 분석하는 다양한 모델: 동심원모델, 선형모델, 다핵심모델
2016	11	고3	법		보험 제도, 보험료율, 보험에서 고지 의무
2017	9	고3	법		사단 법인의 법인격과 법인격 부인론
2017	11	고2	행정	환경경제학	환경오염을 줄이기 위한 주요 환경 정책: 간접 규제 방식
2018	6	고1	법	법무부, 청소년의 법과 생활	법의 의미와 민법, 형법 설명
2018	9	고2	행정	국제정치 패러다임	국가 간의 동맹과 동맹의 종류
2019	6	고1	법	제조물 책임법	제조물 책임법의 도입배경, 범위, 결함 유형과 입증 책임, 제조압자의 면책사유

4. 예술

출제 연도	월	학년	소분류	제목(책)	내용 요약
2010	9	고2	미술	움베르트 에코, 추의 역사	아방가르드 예술에 대한 이해
2010	3	고1	미술	조용진, 배재영, 동양화란 어떤 그림인가	여백의 특징과 역할
2010	3	고3	미술		사진사에게 필요한 자세: 관찰, 존재, 시간, 소통의 눈
2010	6	고1	사진	한정식, 프레임의 의미 창조	사진의 셔터와 시간, 공간의 결정, 파인더와 프레임의 차이, 프레이밍을 통한 의미 창조
2010	9	고1	미술	윤홍규, 판화의 예술성	판화의 예술성에 대한 의문과 에디션 기입의 시작
2010	11	고3	음악		미학 이론을 적용하여 살펴본 뮤지컬
2011	3	고1	영화	배상준, 영화예술학 입문	영화 속의 소리가 지닌 다양한 기능
2011	3	고3	미술		러시아 성화의 원근법 특징
2011	6	고1	미학	진중권, 교수대 위의 까치	외부 재현의 관점과 내면 표현의 관점 설명
2011	6	고3	미술		회화적 재현에 대한 고찰: 모네, 세잔, 입체주의
2011	9	고2	음악	국악감상 방법론	민요에서 '시김새'의 의미
2011	9	고3	음악		음악의 수학적 해석: 피타고라스, 아리스토제누스

출제 연도	월	학년	소분류	제목(책)	내용 요약
2011	11	고2	미술	라바노테이션 키네토그라피 라반	무용기록 방법 중의 하나인 '라바노테이션'에 대한 개념
2011	11	고3	음악		바로크 시대 음악가들의 정서론과 음형론
2012	3	고1	미술	캐폴 스트릭랜드, 클릭, 서양 미술사	아프리카 가면, 한국의 가면에 대한 설명과 미친 영향
2012	6	고1	무용	국립발레단, 즐거워라 발레	발레의 역사
2012	6	고3	음악		시간의 흐름에 따른 연주 개념의 변화와 작품미학의 영향
2012	9	고1	음악	노정희, 서양음악의 이해	시대에 따른 음악의 정의의 변화
2012	9	고2	미술	알고 보면 재미있는 우리 춤 이야기	검무의 변천과 구성
2012	9	고2	미술	진중권, 앙겔루스 노부스	표현론과 모방론의 입장과 특징
2012	9	고3	미술		고정된 규범이 아닌 영화적 관습의 유동성
2012	11	고2	미술	예술론 특강	추상 회화에서의 '감각적 유사성'과 '비감각적 유사성'
2012	11	고3	미술		영화와 만화의 대조적 특징
2013	6	고1	미술	김병화, 추상표현주의	추상표현주의 개념과 경향
2013	6	고3	미술		'이중 프레임'과 '이차 프레임'
2013	9	고1	건축	임석재, 비대칭적 대칭과 무위적 가치	한국 전통 가옥의 특징: 비대칭성
2013	9	고2	미술	빛의 예술 나전칠기	나전칠기 탄생의 기원과 제작 단계, 전파 과정의 이해
2013	9	고3	건축		바실리카 형식의 구조
2013	11	고2	미술	동양화란 어떤 그림인가	산수화를 표현하는 기법: '준법'

출제 연도	월	학년	소분류	제목(책)	내용 요약
2013	11	고3	미술		홍예다리의 원리와 승선교의 아름다움
2013	11	고3	음악		1800년대 독일 음악계의 천재성 담론과 베토벤, 베토벤 교향곡의 음악사적인 의의
2014	3	고3	건축		건축에서의 공간에 대한 인식 변화
2014	3	고1	미술	임영주, 단청	단청이 가지는 상징적 의미와 기법
2014	6	고1	미술	이주헌, 지식의 미술관	알레고리(상징을 통해 어떤 현상이나 상황, 사건에 대해 이야기하는 기법)의 개념
2014	6	고3	건축		20세기 미술의 특징과 캄파돌리오 광장
2014	9	고1	미술	강우방, 조각에서 읽는 회화	금강역사상의 사례로 보는 암각화에서의 선조와 부조
2014	9	고2	미술	3일만에 읽는 서양 미술사	미술 사조의 변화: 신고전주의, 낭만주의, 사실주의
2014	9	고2	미술	한국의 돌,담,길	한국 전통 건축의 특징과 예시
2014	9	고3	건축		한옥에서 창호지의 역할
2014	9	고3	미술		단토의 미술 종말론
2014	11	고2	미술	서양미술사	바로크 미술을 이끌었던 카라바지오
2014	11	고2	미술	20세기 말의 미술	존 발데사리의 작품 세계의 특징
2015	3	고3	미술		로마네스크 양식과 고딕 양식
2015	3	고1	사진	진동선, 좋은 사진	숄더샷 프레임의 개념과 기법 및 효과
2015	6	고3	미술		영화계의 작가주의 비평론
2015	9	고3	미술		김정희의 묵란화의 특징
2015	9	고2	음악	20세기 음악	우연성 음악에 대한 개념과 케이지의 우연적 방법을 이용한 대표적 작품
2015	9	고1	음악		그레고리안 선법

출제 연도	월	학년	소분류	제목(책)	내용 요약
2015	11	고2	미술	미적체험의 현상학	미적 대상과의 관계를 중심으로 바라보는 미적 지각의 단계
2016	6	고1	건축	김희곤, 스페인은 가우디다	가우디의 건축 컨셉 및 건축물 소개
2016	3	고1	미술	이정인, 키네틱 아트란 무엇인가	키네틱 아트의 개념과 등장배경, 조형요소 및 예술사적 의의
2016	3	고3	미술		단토의 '예술의 역사'와 '예술 종말론'
2016	9	고1	건축	지혜롭고 행복한 집 한옥	안팎의 의미를 없앤 한옥의 원통 구성
2016	9	고2	미술	교수대 위의 까치	중세 회화와 현대 회화
2016	9	고3	미술		스타이컨과 회화주의 사진
2016	11	고2	미술	한국의 초상화	조선 시대 초상화의 특징
2017	3	고1	미술	곽동해, 범종	신라 범종의 조형 양식
2017	6	고1	음악	최은규, 지휘자의 음악해석	지휘자의 관점에 따라 같은 음악이라도 서로 다르게 연주될 수 있다.
2017	6	고3	음악	다양한 특성의 음들로 이루어진 음악의 아름다움	다양한 특성의 음과 음악적 요소를 통한 음악 예술
2017	9	고1	미술	조선시대 산수화	진경산수화의 대표적 작가: 정선, 김홍도
2018	3	고1	건축	시공기술 연구단, 초고층빌딩 건축기술	초고층 건물의 건축 공법
2018	3	고1	미술	박우찬, 추상, 세상을 뒤집다.	모네와 세잔을 통해본 인상주의 회화 기법
2018	9	고2	미술	근대 예술 – 형이상학적 해명	이성론과 연관된 데카르트의 견해와 베르그송의 반박, 인상주의의 소개
2018	9	고3	미술		하이퍼리얼리즘의 개념과 특징, 기법
2019	9	고2	미술	결정적 순간	브레송이 말한 결정적 순간과 결정적 순간이 마크 코헨에게 미친 영향

출제 연도	월	학년	소분류	제목(책)	내용 요약
2019	3	고1	미술	엑스레이 아트	엑스레이 사진을 활용하여 만드는 예술을 설명
2019	9	고1	미술		니체와 표현주의 화가

5.인문

출제 연도	월	학년	소분류	제목(책)	내용 요약
2010	3	고1	논리	박지영, 유쾌한 심리학	내부 귀인과 외부귀인의 개념 및 적용
2010	3	고1	언어	강옥미, 언어여행, 촘스키	촘스키, 언어습득 과정(자극-반응-강화)
2010	3	고3	언어		다의어와 동음이의어의 구분
2010	3	고3	철학		인본주의적 관점에 따른 '장소'의 개념
2010	6	고1	언어	왕문용, 국어와 의사소통	화용론의 개념과 필요성
2010	6	고1	역사	전중환, 오래된 연장통	조망과 피신이론: 인간이 진화하면서 어떤 자연환경을 아름답다고 여기고 선호하는지 설명하는 이론
2010	6	고1	철학	김창호, 내가 아는 것이 진리인가	사실과 가치를 바라보는 철학자들의 견해
2010	6	고3	언어		언어 지도의 개념과 언어학적 역할
2010	6	고3	언어		에이젠슈테인이 제시한 한자의 구성 원리와 영화의 시각적 표현
2010	6	고3	역사		조선시대의 무기와 전술의 변화
2010	9	고2	언어	인지의 미론	영상 도식의 개념과 분류
2010	9	고1	역사	조선 왕실 기록문화의 꽃, 의궤	의궤에 기록된 조선시대 주요 행사, 인명과 의궤 기록의 의의
2010	9	고2	역사	북학의(박제가)	조선 후기 사대부들의 문제점을 지적한 박제가
2010	9	고3	언어		비교 언어학: 언어 간의 친족 관계 확인

출제 연도	월	학년	소분류	제목(책)	내용 요약
2010	9	고3	철학		동양철학에서 '천'의 여러 개념: '자연천' 과 '의리천'
2010	11	고2	논리	심리학 오딧세이	과잉정당화 효과' 의 개념과 예시
2010	11	고2	언어	국어학의 이해	연상적 관계에 속하는 의미 관계−포용 단계와 공유 관계
2010	11	고3	역사		자산이 추진한 개혁 조치의 내용, 의의와 한계
2011	3	고1	언어	왕문용, 언어와 매체	음성언어, 문자언어, 영상언어, 통신언어의 특성
2011	3	고1	철학	한국칸트학회, 칸트와 윤리학	칸트의 동정심에 대한 견해
2011	3	고3	철학		멕킨타이어의 공동체주의
2011	3	고3	철학		멕킨타이어의 공동체주의
2011	6	고1	사회	김성권 외, 사회학	좌절−공격 이론과 낙관 이론의 관점
2011	6	고1	언어	이운영, 국어사전 표제어 이해하기, 사전의 문법 정보	국어사전은 표제어의 표기나 문법 정보 등을 통해 단어의 더 많은 정보를 담아냄
2011	6	고1	역사	정약용, 인재를 등용하는 방법에 대하여	당파 싸움에 빠진 당대의 현실을 지적
2011	6	고3	논리		추론의 전개 과정
2011	6	고3	논리		논리학에서의 추론의 타당성 판단
2011	9	고1	문화	나카자와 신이치, 곰에서 왕으로	신화 세계를 구성하는 존재들 사이에 '대칭'적인 관계. 비대칭성 사회와 대칭성 사회. 신화적 사고
2011	9	고2	논리	한국사상사의 인식	성리학의 리와 기의 개념: 이황과 이이의 사상
2011	9	고2	언어	언어 이야기	'새'의 사례를 통해 본 고전 범주화 이론의 개념과 '원형 효과'

출제연도	월	학년	소분류	제목(책)	내용 요약
2011	11	고2	언어	보조동사의 생성과 논항 구조	보조동사가 문장의 논항 구조에 미치는 영향과 세 가지 유형
2011	11	고2	철학	리처드 로티	철학자 로티의 '반표상주의'와 '문학적 문화'
2011	11	고3	언어		한글의 표음성
2011	11	고3	철학		비트겐슈타인의 그림 이론 관점
2012	3	고1	언어	이창덕, 삶과 화법	다양한 토의 방식의 정의와 진행 방식
2012	3	고1	역사	정재훈, 조선의 국왕과 의례	실록의 개념, 편찬시기, 편찬기관 및 보관 장소
2012	3	고3	철학		칸트의 '무관심성' 이론과 영화의 흐름
2012	3	고3	철학		코젤렉의 개념사
2012	6	고1	언어	이익섭, 국어학 개설	언어가 전파되는 원리
2012	6	고1	철학	소홍열, 철학	맹자의 인성론 소개
2012	6	고3	논리		존 스튜어트 밀이 제안한 '일치법'과 '차이법'의 개념, 각 방법의 주의점
2012	6	고3	철학		존 스튜어트 밀의 일치법과 차이법의 개념 및 주의점
2012	6	고3	철학		혁신의 확산
2012	9	고2	언어	조선시대 시가에 나타난 동음이의 현상	조선시대 시가에 나타난 동음이의 현상의 예시와 의미
2012	9	고2	논리	로젠버그—비폭력대화	로젠버그가 설명한 '비폭력대화'와 비폭력대화 방법의 열거
2012	9	고2	역사	조선 전기 상평창의 전개와 기능	상평창에서 실시한 '체매'와 '창저'
2012	9	고3	언어		언어 L1 학습자와 L2 학습자의 학습 차이, 중간 언어의 개념

출제 연도	월	학년	소분류	제목(책)	내용 요약
2012	9	고2	철학	앙띠오이디푸스	욕망, 코드화, 노마디즘에 대한 용어 설명과 들뢰즈와 가타리의 견해
2012	9	고3	철학		진리를 판단하는 이론: 대응설, 정합설, 실용설의 개념
2012	11	고2	논리	생활과 심리학	정서 유발에 대한 여러 가지 관점: 제임스, 랑에, 캐넌, 바드
2012	11	고2	철학	철학 VS 철학	장자와 노자의 철학적 관점의 차이
2012	11	고3	논리		귀납법과 연역법
2013	3	고1	언어	정약용, 유배지에서 보낸 편지 애들러, 생각을 넓혀주는 독서법	독서방법에 대한 서로 다른 접근법
2013	3	고1	역사	한흥구, 대한민국 사	역사적 통념에 대한 비판
2013	3	고3	철학		데카르트의 근대 철학에 대한 환경론자들의 비판과 하이데거의 관점
2013	6	고1	철학	강신주, 장자, 차이를 횡단하는 즐거운 모험	성심을 중심으로 한 장자 철학의 현대적 의미
2013	6	고3	역사		헤로도토스—역사에 대한 객관적 서술 방식
2013	9	고2	역사	풍수의 정석	우리나라에서 시대별로 본 풍수의 의미 변천
2013	9	고1	역사	차하순, 내일을 여는 역사	올바른 현대사 연구로 나아가기 위해 보완할 점: 철저한 사실 검증, 광각적 시야, 구술사의 활용
2013	9	고2	논리	한류와 문화 커뮤니케이션	
2013	9	고2	철학	청소년을 위한 서양 철학사	
2013	9	고3	철학		공자의 예와 군자에 의한 통치

출제 연도	월	학년	소분류	제목(책)	내용 요약
2013	11	고3	역사		토인비의 역사 연구 가설: 도전과 응전 및 창조적 소수와 대중의 모방 개념
2013	11	고2	철학	21세기의 동양철학	도에 대한 여러 학자들의 관점: 공자, 노자, 한비자
2013	11	고2	철학	과학기술의 철학적 이해	물리적 태세, 목적론적 태세, 지향적 태세에 대한 개념
2013	11	고3	철학		심신 이원론과 심신 일원론: 상호 작용론, 평행론, 부수 현상론
2014	9	고2	논리	생활과 심리학	대표성 편의법과 가용성 편의법
2014	3	고1	논리	로버트 루트번스타인, 생각의 탄생	유추의 정의와 과정
2014	9	고1	역사	김호, 조선시대의 학	호락논쟁: 성리학이 태생적으로 안고 있던 가치 상대주의의 가능성에 대한 내부적 논쟁
2014	11	고3	역사		신채호의 '아'의 개념, 대아와 소아의 구별
2014	9	고2	철학	처음 읽는 윤리학	서구의 전통적 도덕
2014	11	고2	철학	시간의 철학적 성찰	시간 표상에 대한 인식의 차이: 크로노스적 시간, 카이로스적 시간
2014	11	고2	철학	사건의 철학	의미의 개념에 대한 규정: 들뢰즈
2014	3	고3	철학		선이해와 지평 융합
2014	6	고3	철학		냉전의 기원에 관한 논의: 전통주의, 수정주의, 탈수정주의
2014	6	고3	철학		본질에 관한 논의: 본질주의와 반본질주의의 견해 차이
2014	9	고3	철학		실재론과 반실재론: 버클리의 반실재론

출제 연도	월	학년	소분류	제목(책)	내용 요약
2014	9	고3	철학		주희와 정약용의 '명명덕'과 '친민'에 대한 해석 차이
2014	11	고3	철학		헤겔의 '시민 사회' 개념, 뒤르켐의 '직업 단체' 개념
2014	11	고3	철학		칸트의 미감적 판단력과 취미 판단 이론
2015	6	고3	논리		정합설의 정의와 정합설을 통한 명제 판단
2015	11	고3	논리	흄, 라이헨바흐	귀납의 논리적 한계와 해소 방안 검토
2015	6	고1	언어	독립신문 창간호	독립신문 창간호 사설: 국문의 우수성
2015	6	고1	언어	김현, 문학이란 무엇인가	문학작품에서 내용과 형식이 맺고 있는 관계
2015	6	고3	역사		고고학에서의 유물 해석 방법: 진화고고학과 생태학적 설명, 유물의 사용 맥락에 따른 관점 등
2015	3	고1	윤리	강현식, 꼭 알아야할 심리학의 모든것	인간의 도덕성 발달 단계에 대한 '콜버그'의 이론 소개
2015	9	고1	윤리		벤담의 페놉티콘
2015	11	고3	윤리		도덕적 운의 존재와 도덕적 평가
2015	9	고2	철학	주체 개념의 비판	데리다의 사상이 갖는 의의
2015	11	고2	철학	순자의 수양론 연구	심'을 바라보는 관점: 순자의 사상
2015	6	고1	철학	박민영, 경험론	경험론의 배경, 개념, 한계 및 의의
2015	9	고3	철학		'의'에 대한 맹자의 사상
2016	9	고2	논리	셸러의 감정 윤리학	도덕 교육의 토대를 마련하는 데 기여한 셸러의 인격관과 인격 개념
2016	11	고2	논리	시간의식	현재의 지평 형성에 미치는 영향: '현전화' 작용, 체험적 시간관

출제 연도	월	학년	소분류	제목(책)	내용 요약
2016	9	고3	논리		과학철학의 설명 이론에 대한 헴펠과 샐먼의 관점의 의의와 한계
2016	11	고3	논리		논리실증주의자와 포퍼, 논리의 구분
2016	6	고1	윤리	정성훈, 사람의 목숨을 살릴 수 있다면, 다른 도덕 규칙은 어길 수 있는 것인가	의무론적 관점과 목적론적 관점의 특징, 한계
2016	3	고3	윤리		인간의 동감 능력
2016	3	고1	철학	이정모, 기억의 단계에서 망각의 양상	망각현상에 대한 세 가지 관점
2016	9	고1	철학		기술의 진정한 본질에 대한 하이데거의 관점
2016	6	고3	철학		울리히 벡과 지그문트 바우만의 '현대 사회론', 개체화를 바라보는 벡과 바우만의 관점 차이
2016	6	고3	철학		도덕 실재론과 정서주의의 상반된 주장
2017	3	고3	논리		삼단 논증에서 오류가 일어나는 이유: '심적 모형 이론'
2017	6	고3	논리		유비 논증의 개념과 유용성(동물 실험에 대한 입장 차이 분석
2017	6	고1	역사	김돈, 노비를 줄이고 양인을 늘이다	조선 전기사회의 신분제도
2017	9	고2	철학	서양 근대 철학의 쟁점	고대 피론주의의 진리에 대한 관점
2017	11	고2	철학	인생교과서 아리스토텔레스	여러 학자들의 '변화'에 대한 관점: 헤라클레이토스, 파르메니데스, 플라톤, 아리스토텔레스
2017	3	고1	철학	한덕웅, 사회심리학	휴리스틱에 의한 인간의 판단과 추론
2017	6	고3	철학		율곡의 법세 개혁론
2017	11	고3	철학	아리스토텔레스	아리스토텔레스의 목적론 개념

출제 연도	월	학년	소분류	제목(책)	내용 요약
2018	3	고3	논리	상호 배타적인 상태가 공존하는 양자 역학과 비고전 논리	고전 역학과 고전 논리
2018	11	고3	논리		가능세계 담론과 네 가지 성질
2018	9	고1	윤리		고전주의 범죄학과 실증주의 범죄학
2018	11	고2	철학	아도르노, 고통의 해석학	비통일성 철학이 추구하고 있는 통일성 사고에 대한 반성의 사유 방식
2018	3	고1	철학	최희봉, 흄	경험론 철학자 흄의 이론 소개
2018	6	고1	철학	장현근, 순자	인간을 중심으로 우주의 본질을 이해하는 순자의 사유
2018	9	고1	철학		스피노자의 윤리학: 코나투스 개념
2018	3	고3	철학	조광제, 언어와 세계의 뫼비우스	비트켄슈타인의 언어 놀이 개념
2018	9	고3	철학	집합 의례	뒤르켐의 공동체 결속 관점, 파슨스와 스멜서의 기능주의 이론, 알렉산더의 사회적 공연론을 통해 해석한 '집합 의례'
2019	11	고3	논리		베이즈주의자의 명제 인식 방식
2019	3	고3	역사		고려~조선시대의 역법의 발전 과정
2019	6	고3	역사		에피쿠로스의 이신론적 관점
2019	11	고2	철학	공리주의 입문	'최선의 결과'에 대한 여러 가지 관점: 쾌락주의적 공리주의, 선호 공리주의, 이상 공리주의
2019	3	고1	철학	안서원, 심리학, 경제를 말하다	심리학적 입장에서 인간의 선택 행동을 설명한 카너먼의 전망이론
2019	6	고1	철학	강신주, 철학 VS 철학	중국 역사에서 인성론이 대두된 시대적 상황, 사회적, 정치적으로 재해석 된 배경

흔들리지 않는 공부 실력을 지닌 아이들의 비밀

초등 국어 뿌리 공부법

초판 1쇄 발행 2020년 4월 17일
초판 4쇄 발행 2020년 7월 10일

지은이 민성원
펴낸이 김선식

경영총괄 김은영
책임편집 권예경 **디자인** 김누 **크로스교정** 조세현 **책임마케터** 기명리
콘텐츠개발7팀장 이여홍 **콘텐츠개발7팀** 김민정, 김누, 권예경
마케팅본부장 이주화
채널마케팅팀 최혜령, 권장규, 이고은, 박태준, 박지수, 기명리
미디어홍보팀 정명찬, 최두영, 허지호, 김은지, 박재연, 배시영
저작권팀 한승빈, 이시은
경영관리본부 허대우, 하미선, 박상민, 김형준, 윤이경, 권송이, 이소희, 김재경, 최완규, 이우철
외부스태프 **구성 정리** 박지선 **표지디자인** ALL design group

펴낸곳 다산북스 **출판등록** 2005년 12월 23일 제313-2005-00277호
주소 경기도 파주시 회동길 357 3층
전화 02-704-1724
팩스 02-703-2219 **이메일** dasanbooks@dasanbooks.com
홈페이지 www.dasanbooks.com **블로그** blog.naver.com/dasan_books
종이 ㈜한솔피앤에스 **출력·인쇄** 민언프린텍

ISBN 979-11-306-2939-1 (03370)

• 책값은 뒤표지에 있습니다.
• 파본은 구입하신 서점에서 교환해드립니다.
• 이 책은 저작권법에 의하여 보호를 받는 저작물이므로 무단 전재와 복제를 금합니다.
• 이 도서의 국립중앙도서관 출판시도서목록(CIP)은 서지정보유통지원시스템 홈페이지(http://seoji.nl.go.kr)와
  국가자료공동목록시스템(http://www.nl.go.kr/kolisnet)에서 이용하실 수 있습니다. (CIP제어번호 : 2020012822)

다산북스(DASANBOOKS)는 독자 여러분의 책에 관한 아이디어와 원고 투고를 기쁜 마음으로 기다리고 있습니다.
책 출간을 원하는 아이디어가 있으신 분은 다산북스 홈페이지 '투고원고'란으로 간단한 개요와 취지, 연락처 등을 보내주세요.
머뭇거리지 말고 문을 두드리세요.